不懂带团队
你就自己累

梦华 编著

吉林文史出版社
JILIN WENSHI CHUBANSHE

图书在版编目（CIP）数据

不懂带团队你就自己累 / 梦华编著. -- 长春：吉林文史出版社，
2017.10

ISBN 978-7-5472-4533-0

Ⅰ.①不… Ⅱ.①梦… Ⅲ.①企业管理－组织管理学 Ⅳ.①F272.9

中国版本图书馆CIP数据核字(2017)第225142号

不懂带团队你就自己累
BUDONG DAI TUANDUI NI JIU ZIJI LEI

出 版 人 孙建军
编 著 梦 华
责任编辑 于 涉 董 芳
责任校对 薛 雨
封面设计 韩立强
出版发行 吉林文史出版社有限责任公司（长春市人民大街4646号）
      www.jlws.com.cn
印 刷 北京海德伟业印务有限公司
版 次 2017年10月第1版 2017年10月第1次印刷
开 本 640mm×920mm   16开
字 数 200千
印 张 16
书 号 ISBN 978-7-5472-4533-0
定 价 49.00元

前言

"一头狮子带领一群绵羊，可以打败一只绵羊带领的一群狮子。"通用电气前首席执行官杰克·韦尔奇的这句名言明确道出了领导者在一个团队中的决定性作用。俗话说："一人红，红一点；大家红，红一片。"有的领导者能将自身潜力发挥得淋漓尽致，而成为业务上的顶尖高手，但他们却缺乏通过自己做人的魅力影响别人的能力，对下属的管理也只是利用职权进行生硬的约束，这种领导可称为"一人红，红一点"。而有的领导者虽然自己在业务上并不十分拔尖，却能通过自己做人的魅力使别人乃至整个团队的潜力发挥得淋漓尽致，他们就像一根火柴点燃一堆干柴一样，让自己带领的团队燃起熊熊之火，这种领导可称为"大家红，红一片"。"一人红"式的领导只能自己累到病，干到死，而整个团队的业绩可能并不理想；而"大家红"式的领导能使整个团队发挥"1+1>2"的效应，从而轻松取得辉煌业绩。

管理的关键就在于带人、带团队，正所谓："火车跑得快，全靠车头带。"在团队中，管理者就是火车头，管理者是否懂得带人，直接关系到团队这列火车的奔跑速度，直接关系到团队的战斗力。作为一个团队的核心人物，领导者拥有着一种特殊的资源：人。而对这种资源的管理水平存在着不同的层次。管理得好，它可以取之不尽、用之不竭；管理不好，它也可能一取即尽、一用即竭。那些只知用职权管人，而不知用人格影响人的领导，无论官位有多高、能力有多强、知识有多丰富，都无法取得下属的信任，更别说长期追随。而一个没有人与之同心同德的领导者，即便有再伟大的理想、再完美的计划，也只能是空中楼阁。相反，成功的领导者具备登高一呼、应者云集的号召力。具备利用各种人才、平衡各种力量的统筹能力，具备"用人长、容人短""胜不骄，败不馁"的胸怀和气度。具备应对各种困难、各种复杂局面的手段和技巧，他无论在哪里出现，都会成为众人瞩目的焦点，即使他不出声，也能令人毫无保留地对他产生信任感，人们愿意接受他的建议，在突发事件时愿意听从他的指导。这种领袖模范是如此令人着迷，以致多少管理者望之兴叹。

要记住，管理的本质不是领导者事必躬亲，而是要求领导者高瞻远瞩、统筹全局。对于领导者来说，用职权管人不是本事，通过人格服人才是本事；颐指气使不是本事，不令而从才是本事；用惩罚使人害怕不是本事，凭魅力赢得追随才是本事；自己有本事不是本事，让有本事的人为己所用才是本事。领导是一门学问，是一门艺术，你不能因为自己是官就对人吆三喝四，又不能与下属称兄道弟失去威严；你不能玩弄权术，让人觉得你城府很深，又不能心中不藏事啥都往外说；你既不能疑神疑鬼，又不能偏听偏信……作为领导者，你必须洞悉人性，把握好尺度和分寸，懂得如何凝聚人心、引导人心。带人需要用情，需要坦诚，需要胸怀，需要以身作则，需要个人魅力，但唯独不需要"单干"，否则，你干到死，也难有成就。

本书系统阐释管理者赢在带人的理念，针对领导者在日常的工作中会遇到的种种难题和困惑，从领导的人格魅力、大局意识、影响力、责任意识、执行力，以及领导的识人、用人、授权、决策、沟通、激励、考评、协调、应变等方面介绍了作为一个领导者应该具备的带人思路和方法，兼具实用性和指导性，为现代企事业单位的领导者提供了一份全方位的带人指南。在编写过程中，我们借鉴和吸收了现代管理学术界权威人士的最新成果，同时参考了西方一些先进的领导管理理论，将之与中国的人文特点相结合，熔理论与实践、东方与西方的管理理念为一炉，同时本着通俗易懂、可操作性强的原则，力求内容实用、紧抓要点，既有系统的理论介绍，也有能即学即用、直接指导实战的技巧和策略，帮助管理者拥有崇高的威望，获得下属由衷的崇敬和钦佩，博得团队忠诚的拥戴与支持，从而实施最有效的领导。

目录

第一章　不懂带人，你只能自己干到死

第二章　学会授权，你就不会累到病

第三章　管好自己，才能带好队伍

第四章　要把庸才变干将，你先要做个干将

第五章　知人善任，慎重选择授权的对象

第六章　授权的诀窍与艺术：我无为而民自化

第七章　学会放风筝，让员工自己奔跑

第八章　把握原则，让授权的工作有章可循

第九章　束缚自己的权欲，放开下属的手脚

第十章　授中有控，不要让权力变了形

第一章
不懂带人，你只能自己干到死

"甩手掌柜"才是好领导

许多管理者，有的可能是出于身先士卒的心理，有的仅仅是为了显示自己就是比别人强，总是喜欢替下属想办法、拿主意。没错，不是"出"主意，而是"拿"主意。别小看这一字之差，它们的含义可是大有不同。"出"主意是帮员工想办法，目的是启发员工的思路，用的是商量的口气，比如："这事这样做是不是更好一些？你不妨往这儿想一下，也许也是一个思路呢？"而"拿"主意，则是替员工想办法、做决定。已经没有员工什么事了，基本上全是领导一个人的戏了。

有一个领导认为自己是一个脑子转得快的人，属于那种"灵机一动，计上心来"的主儿。因此，每当他向下属交代工作或员工遇到困难找到他的时候，他总是情不自禁地将自己的主意和盘托出，而且还会针对他能够想到的所有细节——做出详细指示。所以，跟着这样一位好为人师的领导做事，员工工作起来分外轻松，这位领导也因此在员工中颇有一些人气。

但时间一长，他发现了一个严重的问题——下属找他问计的次数实在是过于频繁，有事就来问，几乎完全丧失了主动思考的能力，这让他疲于应付。经过一段时间的观察和反思，他终于弄明白了一个道理——与其直接把办法告诉下属，不如启发他们自己寻找办法，授人以鱼不如授人以渔。

从此，他横下一条心——哪怕下属把某些事情搞砸，也要强迫他们自己想办法，自己主动地做事。而他则做好了当"甩手掌柜"的心理准备。

自那以后，每当再有下属找到他问计时，这位决定"洗心革面"的领导总是对他们说："对不起，我脑子里一片空白，真的不知道该怎么做。但我相信你一定比我聪明，我给你一个晚上的时间，相信到明天上午你肯定能够想出十个办法来。我唯一要做的事情，就是从这十个办法里挑一个出来交给你去执行。"

如此"不负责任"了一段时间后，下属逐渐摆脱了对领导的依赖，遇到问题可以自己动脑筋、想办法了。下属们自己也很兴奋，很有成就感。随着自我感觉越来越良好，他们也逐渐变得意气风发，状态十足。

对此，这位领导是看在眼里，喜在心头。虽然下属们在工作中依然存在着这样那样的不足，但为了维护他们的信心，他总是尽量小心翼翼地帮助他们矫正，在他们身边做做打下手的工作。

虽说他的角色从主角变成了配角，但他一点儿都不觉得失落——因为突然间从"忙人"变成了"闲人"，他十分乐意利用这难得的闲暇去做更多的观察、更多的思考、更多的细节管理。

实际上，逼下属自己想办法也是一种育人之术。而育人是管理者义不容辞的责任，它本身就是一项重要的工作。一个不想育人、不会育人的管理者绝对是一个不称职的管理者。

其实，许多管理者之所以不想让下属抢了自己的风头，是因为没有享受过育人的快乐——看着自己花心思培养出来的人在舞台上大放异彩，那种兴奋劲儿和欣慰感，可比自己在舞台上出彩要大多了。

抓权与放权

"无为而治"这四个字，顾名思义，说的就是以几乎不做事的方法，最大限度地达到做事的目的。这四个字用到企业管理工作中，就是要求管理者要懂得放权，尽量避免事必躬亲。

但是，在现实的企业管理中，有很多管理者总是过分地追求忙碌，似乎只有忙起来，并忙到不可开交的程度，生活才会充实，企业才会好，心里才会踏实。

当然，勤劳并没有错，"勤劳致富""天上不会掉馅饼"的理论也没有错。问题是，勤劳并不一定等于忙碌，这是两码事。一个企业不能够全是忙人，因为"忙"会带来"乱"，而"乱"则会导致效率低下。人在忙的时候，往往容易注意力过于集中，视野就会变窄，只知道埋头拉车而不知道抬头看路。这样就容易忽略掉大局以及各种事物之间的匹配关系，从而造成大量资源的浪费和无效劳动的产生。这时企业里的"闲人"就显得非常重要，他们的工作就是静静地观察与思考，站在比劳动者更高的角度思考问题，协调各种事物间的关系从而确保大局，这恰恰是管理者的本职工作。这种"闲人"一个小时的工作成果，其效率可能抵得上十个"忙人"忙活一个星期。

有一家企业的老板经常气愤地向身边的人抱怨："我的这些员工都是懒蛋，执行力极差，所有的事情都得我自己来。"刚开始这位老板的抱怨会博得很多同情，可是慢慢地，大家都发现了个中的奥秘。原来，这位老板对手下员工极度缺乏信任，总觉得手下人会占他的便宜，所以，事情安排下去后总是不放心，一定要自己掌握事情的所有细节才能放心。手下的人不管做什么，每走一小步都要向老板请示，得到老板的首肯后才敢走下一步。如此一来，慢慢就没人敢大胆、主动地做事了，因为做得再多也没用，老板一句话就得推倒重来，纯粹出力不讨好。员工们被迫无所事事，老板却已经忙得脑门子冒汗，头脑发晕了，一个人哪能兼顾那么多事情！很多事情，哪怕是老板自己曾经交代、指导过的事儿，也早就忘到脑后了。如此一来，很多事情都成了"烂尾楼"，干耗时间不出成果，员工到最后还会招来老板一通臭骂——你们都是吃素的吗？养你们是干什么吃的？

还有一个例子。

有一位某品牌经销店的总经理，他的店以超出其他同级别店几倍的经营业绩在业界有着超高的名气，所以这位总经理受到了全国各地同行的邀请并进行相关业务与管理的培训。他也靠给各地演讲赚了大笔"外快"。这位总经理的经营理念就是典型的无为而治。他一个月只在店里待几天，而且主要是处理一些琐事，其他的时间都是"不务正业"，在各地巡回讲课赚外快。但这并不意味着这位总经理什么都不管就能把店经营好，一些重要的环节他绝不会有丝毫的放松。对于中层干部的培养与任用耗费了他大量的心血，对公司规则的制定也是严格把关。每天他的中层都会将当天的数据发送到他的电脑上，由他来对重大事情做判断与指导。用他自己的话说"我就是给我的中层打打杂，帮帮忙而已"。

这两个案例可以深刻反映出"抓权"与"放权"对于一个管理者的重要性。什么该抓？那些基本的框架、规则、核心的事物该抓。什么该放？那些具体的事物，具体的执行该放。而且放也不是绝对的放，领导要关注员工的执行过程，偶尔在旁边出出主意、帮帮忙，这才是一个称职的管理者、好领导。

老板每个月都给员工发着工资，不让他们干活才是真正的吃亏。有些东西该放就放，别总是担心出乱子。就算老板"什么东西都抓着不放""什么东西都亲自把关"，乱子也照出不误，而且乱子不一定小。

个人魅力决定授权的价值

授权看起来简单，其实非常不简单，并不是领导把下属叫过来拍拍肩膀说"这块区域以后你说了算"就行了，授权也得分人，跟领导的个人魅力有很大关系。如果是一个被员工看不起的领导，他授权给下属，下属可能会认为这是领导想偷懒，把自己该干的活推给自己，领导即使授了权也挨骂，还达不到应有的效果；如果是一位非常有魅力、让员工非常信服的领导授权给下属，下属会觉得这是领导对他的器重和提拔，会变得干劲十足。

这就是区别，话分人说，事分人做。

怎样才能取得下属的尊敬和追随？人格魅力当然是重中之重。

著名企业家李嘉诚在总结他多年的管理经验时说，如果你想做团队的老板，简单得很，你的权力主要来自于地位，这可来自上天的缘分或凭仗你的努力和专业知识；如果你想做团队的领袖，则较为复杂，你的力量源自人格的魅力和号召力。管理者只有把自己具备的素质、品格、作风、工作方式等个性化特征与领导活动有机地结合起来，才能较好地完成工作任务，体现领导能力；没有人格魅力，管理者的领导能力难以得到完美体现，其权力再大，工作也只能是被动的。

人格魅力是由一个人的信仰、气质、性情、相貌、品行、智能、才学和经验等诸多因素综合体现出来的。有能力的人，不一定都有人格魅力。缺乏优秀的品格和个性魅力，管理者的能力即使再出色，人们对他的印象也会大打折扣，他的威信和影响力也会受到负面影响。往往管理者做出的一件小事情，就可能影响到员工对整个工作意义的质疑。

镰仓幕府时代的源义经，流浪在外的时候身无分文，也毫无官阶，但是他身边的人都愿意追随他，恳请成为他的家臣，当得到源义经首肯的时候，个个都欢天喜地，非常骄傲，这就是管理者的魅力所在。有了这样的魅力，呼风唤雨又有何难？

合理授权

一个管理者太负责任，总是事必躬亲，那么整个组织的活力就会逐渐丧失，一些组织机能就会出现萎缩。

著名的管理学家、科学管理之父泰罗很早就意识到了这一点，他提倡管理者要学会合理地授权，尤其是要学会在遇到自己不懂的知识时，将决策权交给别人。

适当放权既能给下属留下发展自己的空间，又能使管理者抽出更多的时间去督导员工的工作，从而提高整个团队的工作效率就顺理成章了。

但是授权一定要有方法，讲策略，而不是强人所难，更不是自己对责任的推卸。

1. 握大权，授小权

在一个企业中，不仅有繁重的、琐碎的事务性工作，而且也有关系企业生存与发展的重要任务。身为管理者，你不可能拥有足够的能力与精力去应对这一切。这时，你必须将绝大多数事务性的工作交给自己的下属去完成，而自己只保留处理例外与非常事件的决定权与控制权。

2. 因事择人，视德才授权

泰罗授权理论中一条最根本的准则就是因事择人，视德才授权。授权不是利益分配，更不是荣誉照顾，而是为了将工作做得更出色的一种用人策略。在符合要求的下属当中，把一部分权力授予他们，能够使他们感到自己是分担权力的主体，这就会在权力的支配下，形成更有效的凝聚作用与责任度。

3. 先放后收

不要将一种权力无限度地授予下属，而要适时地加以控制或是回收。这是泰罗授权法则中很重要的一个方面。有些管理者授予下属权力后，从来不闻不问，致使上、下级之间脱节，从而让自己的下属处于"权力真空"状态；相反，如果时时处处监督下属的权力应用，同样会事倍功半。最有效的方式就是收放结合，让下属在其力所能及的范围内充分发挥，并始终与整体相协调。

4. 不越级授权

在企业中，主要实行的是领导负责制，这种体制具有明显的层次性。所以，在授予下属权力时，一定要掌握好尺度，不要越级授权，而要逐级进行。否则，只会引起各级下属之间不必要的误解与职责的混乱。如何保证这种授出的权力不失控呢？泰罗提出了以下几点有益的忠告：

首先，命令跟踪。一些领导在向下属授权后往往会忘记发出的指令，这时，定期或是不定期地对自己的命令进行跟踪是相当有必要的。一个明智的管理者在跟踪自己的命令时，并不一定要注意下属工作的细节，他的目光会聚焦在下属的工作态度、工作进度等方面。

其次，有效反馈。对于下属的工作表现的评价，不能太主观臆断，而要有说服力。这就要求管理者在授权后，要与下属保持畅通的反馈渠道。下属需要及时地反馈工作的进展情况，而你更需要向下属传授工作的改进之处。

最后，全局统筹。一位领导要授予不同的下属以不同的权力，在授权后，自己就有足够的时间与精力把握一些全局性的工作。高明的管理者在全局统筹的时候，要善于采用纵向画线与横向画格的管理模式来实现组织控制。纵向画线是指界定各个部门对上、对下的权限，横向画格是指界定下级各部门之间的权限。这样做既有利于下级充分利用自己的权力施展自己的才华，又不至于各个部门成为不服从指挥的独立王国，从而有助于从整体上进行把握与协调。

抽出身来吧，别再瞎忙了

我们经常会看到这样两类领导：一类领导每天都很忙碌，大事小事都亲力亲为；另一类领导每天看起来都很闲，偶尔会到下面视察一下，大部分时间都是坐在办公室里喝咖啡。我们都会认为第一类领导是好领导，其实不然。

杰克·韦尔奇在谈到人们的忙碌与闲适时说："有人告诉我他一周工作 90 个小时，我会说，'你完全错了，写下 20 件每周让你忙碌 90 小时的工作，仔细审视后，你将会发现其中至少有 10 项工作是毫无意义的——或者说是可以请人代劳的。'"

当我们刚刚开始工作时，我们必然事事亲力亲为，什么事情都自己做。但如果我们不注意，就会养成事必躬亲的习惯。人们工作忙碌、混乱、效率低下的一个重要原因就是不懂合理授权，结果导致自己不能将精力集中在最重要的事情上。

著名的管理大师史蒂芬·柯维认为，做不到合理授权是现代多数中层经理工作效能低下的主要原因。柯维博士认为："现代社会，许多大小公司的老板、部门主管早已被信息、电讯、文件、会议掩盖得透不过气来。几乎任何一项请求报告都需要他审阅，予以批示，签字画押，他们为此经常被搞得头昏眼花，根本无法对公司重大决策做出思考，在董事会议上他们很可能是最无精打采的一类人。"

柯维博士认为，工作的效率不高就是因为被一些琐碎的事给拖住了后腿。例如，查尔斯就是曾向柯维博士咨询过的一位老板。

查尔斯是纽约一家电气分公司的经理。他每天都应付上百份的文件，这还不包括临时得到的诸如海外传真送来的最新商业信息。他经常抱怨说自己要再多一双手，再有一个脑袋就好了。他已明显地感到疲于应付，并曾考虑增添助手来帮助自己。可他终于及时刹住了自己的一时妄想，这样做的结果只会让自己的办公桌上多一份报告而已。公司人人都知道权力掌握在他的手里，每一个人都在等着他下达正式指令。查尔斯每天走进办公大楼的时候，他就开始被等在电梯口的职员团团围住，等他走进自己的办公室，已是满头大汗。

实际上，查尔斯自己给自己制造了许多的麻烦。自己既然是公司的最高负责人，那自己的职责只应限于有关公司全局的工作之上，下属各部门本来就应各司其职，以便给他留下足够的时间去考虑公司的发展、年度财政规划、在董事会上的报告、人员的聘任和调动……举重若轻才是管理者正确的工作方式；举轻若重只会让自己越陷越深，把自己的时间和精力浪费于许多毫无价值的决定上面。这样的领导方式，根本无法带动并且推动公司的发展，无法争取年度计划的实现。

查尔斯有一天终于忍受不住了，他终于醒悟过来，他把所有的人关在电梯外面和自己的办公室外面，把所有无意义的文件抛出窗外。他让他的下属自己拿主意，不要来烦自己。他给自己的秘书做了硬性规定，所有递交上来的报告必须筛选后再送交，不能超过10份。刚开始，秘书和所有的下属都不习惯。他们已经养成了奉命行事的习惯，而今却要自己对许多事情拿主意，他们真的有点儿不知所措。但这种情况没有持续多久，公司开始有条不紊地运转起来，下属的决定是那样的及时和准确无误，公司没有出现差错。相反的，往往经常性的加班现在却取消了，只因为工作效率因真正各司其职而大幅度提高了。查尔斯有了读小说的时间、看报的时间、喝咖啡的时间、进健身房的时间，他感到惬意极了。他现在才真正体会到自己是公司的经理，而不是凡事包揽的老妈子。

高效能的秘诀之一是授权，将工作交给别人做，使我们从实际操作者变成了管理者，从自己动手变成了控制其他人的活动。可惜一般人多吝于授权，总觉得不如靠自己更省时省事。其实，如果授权成功，我们所得到的远远超过我们亲力亲为所得到的。

《圣经》中的摩西就懂得只要使其他人来帮助他，他就可以完成更多的事。

当摩西带领以色列人前往上帝给他们的许诺之地时，他的岳父叶忒罗发现摩西工作过度，如果他继续那样做下去的话，人们很快就会吃苦头了。

所以，叶忒罗帮助摩西解决了问题。他告诉摩西将这群人分成几组，每组 1 000 人，然后再分成 100 人一组，再将 100 人分为两组，每组各 50 人，最后，将 50 人再分成五组，每组各 10 人。

然后，叶忒罗告诉摩西，告知每一组的领袖必须解决他的组员所无法解决的任何问题。摩西接受了这一建议，指示那些领导1 000 人的小组领袖们只把那些他们也无法解决的问题告诉他。

自从摩西听从了叶忒罗的建议后，他就能够把自己的时间全部放在真正重要的问题上，也就是那些只有他才有能力来处理的事情上。

简单地说，叶忒罗教导摩西的是如何去领导支配那些追随者。他说："所有工作的完成都是从那些最没有才能、阶层最低的人开始做起的。"

如果我们既希望减少自己工作的复杂性，同时又希望完成更多的工作，授权是一项完全必需的技能。其实，只有把责任分配给其他成熟老练的员工，才有余力从事更高层次的活动。

没空间，再好的员工也出不来

很多领导都会犯这样的毛病，总是把员工牢牢地抓在手里，员工的一举一动都要尽在掌握，恨不得把员工拴在腰带上，随时带在身边。

其实，给员工足够的空间让其发展，会使员工充分发挥内在的潜力，从而提高工作效率。此外，它还能带给员工更完整的工作整体感、充实的责任感，以及对自我工作能力的肯定。从此，企业和个人就达到了双赢。

联邦快递成功的一个重要原因就是重视员工，依靠优秀的管理原则取胜。他们扩大员工的职责范围，恰当地表彰员工的卓越业绩，激励员工去树立公司形象。

每天总有许多世界各地的商业人士花上250美元，用几个小时去参观联邦快递公司的营业中心和超级中心，目的是为了亲身体会一下这个巨人如何在短短23年间从零开始，发展为拥有100亿美元，占据大量市场份额的行业领袖。

联邦快递公司创始人、主席兼行政总监弗雷德·史密斯创建的扁平式管理结构，不仅得以向员工授权赋能，而且扩大了员工的职责范围。与很多公司不同的是，联邦快递的员工敢于向管理层提出疑问。他们通过求助于公司的保证公平待遇程序，以处理跟经理之间不能解决的问题。公司还耗资数百万美元建立了一个联邦快递电视网络，使世界各地的管理层和员工可建立即时联系，这充分体现了公司快速、坦诚、全面、交互式的交流方式。

20世纪90年代初，联邦快递准备建立一个服务亚洲的超级中心站，负责亚太地区的副总裁J·麦卡提在苏比克湾找到了一个很好的地址。但日本怕联邦快递在亚洲的存在会影响到它自己的运输业，不让联邦快递通过苏比克湾服务日本市场。在联邦快递公司，这不是麦卡提自己的问题，必须跨越部门界限协同解决。联邦快递在美国的主要法律顾问肯·马斯特逊和政府事务副总裁多约尔·克罗德联手，获得政府支持。与此同时，在麦卡提的带领下，联邦快递在日本发起了一场轰动日本的公关活动。这次活动十分成功，使日本人接受了联邦快递连接苏比克湾与日本的计划。

联邦快递经常让员工和客户对工作做评估，以便恰当地表彰员工的卓越业绩。其中几种比较主要的奖励是，祖鲁奖：奖励超出公司标准的卓越表现；开拓奖：给每天与客户接触、给公司带来新客户的员工以额外奖金；最佳业绩奖：对员工的贡献超出公司目标的团队给一笔现金；金鹰奖：奖给客户和公司管理层提名表彰的员工；明星/超级明星奖：这是公司的最佳工作表现奖，奖金相当于受奖人薪水 2%—3% 的支票。

在企业的日常管理中，人们可以明显地感觉到，对一个员工来说"我指示你怎样去做"与"我支持你怎样去做"，两者的效果是不同的。一个好的企业管理者，应善于启发员工自己出主意、想办法，善于支持员工的创造性建议，善于集中员工的智慧，把员工头脑中蕴藏的聪明才智挖掘出来，使人人开动脑筋，勇于创造。

不要"欺负"中层

如今有两种极端派老板，一种是"极端官僚主义者"，他们非常相信中层干部的话，帮着中层"欺负"基层员工；还有一种是"极端民主主义者"，他们总认为"真理掌握在老百姓手中""群众说的就是对的"，常常帮着基层员工"欺负"中层。

这两种管理方式都是不合理的，尤其是帮着员工"欺负"

中层。

随着近几年对"官僚主义作风"的纠正，一些企业的老板或高管又走向了另一个极端，他们过于重视"基层的声音"，只要基层员工打自己主管或部门经理的小报告，他们马上就会把这些中层领导叫来臭骂一顿，为基层员工做主。这样一来，中层干部在他们的下属面前"灰头土脸""威信扫地"，再也不敢放手管理。

其实相比于官僚主义，这种过分民主的危害更大。原因很简单，中层是任何一种组织中最为重要的一个环节。它起到了承上启下的作用，既要领会传达高层的思想和方向，又要承担组织管理基层员工进行具体操作的责任。中层就像一个承载着企业前途与命运的齿轮，只要出现故障，企业这架庞大的机器就会顷刻间崩坏。

所以，老板与高层管理者一定要倍加珍惜与呵护中层干部们，他们真的伤不起。

现在有很多老板和高管总是喜欢在基层员工面前训斥中层干部，甚至是毫不留情面地臭骂。这样做一方面可以显示一下他们有多民主；另一方面还可以炫耀自己的权威，他们会一边骂中层干部一边在心里想：谁也别忘了，我才是真正的领导！

很多情况下，这些老板和高管都是故意这样做的，仅仅是为了显示一下自己的权威，找个机会就小题大做，臭骂中层一通。久而久之，中层干部就会变得不敢管事，也不愿管事，中层这个承载着企业前途和命运的"齿轮"就会逐渐老化、钝化，最终失去其应有的功能。而一个中层机能失调的企业必将迎来整体的衰退，直至最终灭亡。

并不是所有的百姓都是善良的，偶尔也会有刁民。尤其是在百姓普遍不懂管理学，人际关系错综复杂的社会，就算本质善良的人也可能会因为思维局限变成刁民。在这种环境下，只要中层大胆管理，就必然会得罪人。这些对中层心怀不满的人，如果能够幸运地碰到一位重视民意的"好老板",肯定会去"进谏"甚至是"哭诉"。如果老板仅仅是听了这些员工的一面之词就立即迁怒于中层,迫不及待地为民申冤,就会掉入某些刁民的圈套,成为他们泄私愤的工具。

退一步讲,即使中层真有不对的地方,应该受到批评,也应该注意批评的方式与方法,不要过分刺伤他们的自尊心。更重要的是,要充分顾及他们在下属面前的面子与权威,切忌在其下属员工面前不留情面地痛斥。

如果中层在其下属面前颜面尽失的话,他们就会逐渐失去在员工中的威信,甚至被员工看不起。这样做不但会极大地伤害中层的工作积极性,而且会极大地妨碍到他的团队执行力,最终贻害公司的整体利益。

总之,老板和高管们千万不要随便"欺负"中层,他们真的伤不起。

别让中层干基层的活

每一个稍具规模的企业都有基层、中层和高层之分,但是在很多企业中都会出现这样的现象:中层干基层的活儿,高层干中层的活儿,甚至连基层的活儿也一起包了。

姜汝祥博士曾在他的著作中说:"中层只有两种选择:要么做大气层,把高层战略的大部分热量都折射和损耗掉。要么做放大镜,把太阳的光芒聚集到一点,把纸点燃。"

大多数中层都是从基层中提拔起来的,所以他们很容易犯一个错误:找不准自己的位置,职位变了,思维没变。已经当上了经理,可心里还是一个员工。

当中层出现这样的问题时,领导应该及时点醒,而不是把中层甚至基层的活揽到自己身上。

松下幸之助曾发现他有这样一个中层部长。

1933 年 7 月，松下发现家用电器中，使用小马达做驱动的电器越来越多，于是松下决定投资开发小马达。

过去马达都用在机器里，但是家用电器的现代化趋势，使得像电风扇那样的很多家电涌现出来，这些家电都需要用小马达。松下相信，家用电器大量使用小马达的时代即将到来。

于是，松下幸之助委任一个非常优秀的研发人员担任新产品研发部部长。中层接受任务后，带着部下买来的 GE 生产的小马达，着迷地拆卸与研究。有一天，松下幸之助正好经过中层的实验室，看到中层这么工作，狠狠地批评了中层一顿。

松下对中层说："你是我最器重的研究人才，可是你的管理才能我实在不敢恭维！公司的规模已经相当大了，研究项目日益增多，你即使每天干 48 小时，也完不成那么多的工作。所以作为研发部部长，你的主要职责就是造就 10 个，甚至 100 个像你这样擅长研究的人，否则我为什么让你担任研发部部长呢？"

中层的任务就是找准部门的目标，向它冲刺。对目标的冲刺可以超越战略的期望。一个公司的强大，一定是能量递增的结果。中层超越高层的期望，下层才有可能超越中层的期望。所以，超越期望的关键在中层。

作为领导，首先要使用好自己手下的中层，否则，不仅需要事必躬亲忙得脱不开身，还会打乱能让公司效率最大化的层级管理，得不偿失。

打造"黄金中层"

中层是企业承上启下的管理者，一个企业能否有效地运作，能否形成有战斗力的团队，往往要看一个企业有没有一个优秀的中层队伍。

企业想拥有一个"黄金中层",重在倾力打造,但培训必不可少。

对中层管理者要进行理论上的培训。

尽管中层管理者当中有些已经具备了一定的理论知识,但总体上还需要在深度和广度上接受进一步的培训。理论培训是提高中层管理者管理水平和理论水平的一种主要方法,这种培训的具体形式大多采用短训班、专题讨论会等形式,时间都不很长,主要是学习一些管理的基本原理以及在某一方面的一些新进展、新的研究成果,或就一些问题在理论上加以探讨等。

理论培训有助于提高受训者的理论水平,有助于他们了解某些管理理论的最新的发展动态,有助于在实践中及时运用一些最新的管理理论和方法。为了能够尽可能地理论联系实际,提高受训者解决实际问题的能力,我们可借鉴德国的一些培训中心的做法。他们在对中层管理者进行培训时,实行一种称之为"篮子计划"的方法。即在学员学习理论的基础上,把一些企业中经常遇到并需要及时处理的问题,编成若干有针对性的具体问题,放在一个篮子里,由学员自抽自答,进行讨论,互相启发和补充,以提高对某一个问题的认识和处理能力。

为了更为密切地观察受训者的工作情况,还可以将其设为副职。

这种副职常常以助理等头衔出现。有些副职是暂时性的,一旦完成培训任务,副职就被撤销,但有些副职则是长期性的。无论是长期的,还是临时的,担任副职对于接受培训的中层管理者都是很有益的。

这种方法可以使配有副职的中层管理者很好地起到教员的作用,通过委派受训者一些任务,并给予具体的帮助和指导,由此培养他们的工作能力。而对于受训者来说，这种方法又可以为他们提供实践机会，观摩和学习现职中层管理者分析问题、解决问题的能力和技巧。

有计划地提升也是常见的培训方式之一。

它是按照计划好的途径，使中层管理者经过层层锻炼，从低层逐步提拔到高层。这种有计划的提升，不仅管理者知道，而且受训者本人也知道，因此不仅有利于上级对下属进行有目的的培养和观察，也有利于受训者积极地学习和掌握各种必备知识，为将来的工作打下较为扎实的基础。

当有人度假、生病或因长期出差而出现职务空缺时，组织便指定某个有培养前途的下级中层管理者代理其职务，这样，就可以使用临时提升的办法来考察并提高下属的能力。临时提升既是一种培养的方法，同时对组织来说也是一种方便。代理者在代理期间做出决策和承担全部职责时所取得的经验是很宝贵的。与此相反，如果他们只是挂名，不做决策，不真正进行管理，那么在此期间能得到的锻炼就是很有限的。

除此之外，还可以对中层进行职务轮换。

职务轮换是使受训者在组织内部不同部门的不同主管位置或非主管位置上轮流工作，以使其全面了解整个组织的不同的工作内容，得到各种不同的经验，为今后在较高层次上任职打好基础。职务轮换包括非主管工作的轮换，主管职位间的轮换等。

除了以上介绍的方法之外，还有许多具体的方法，例如辅导、研讨、参观、考察、案例研究、深造、培训等等。总之，组织各部门在具体的培训工作中，要因地制宜，根据自己的特点以及所培训人员的特点来选择合适的方法，使培训工作真正取得预期的成效。只有这样，才能打造出一群真正的"黄金中层"。

用信任串联上下

在一个企业中，如果管理者对于自己的下属充分信任，相信下属能够自己独当一面，那么下属也会极力配合管理者的领导，并且坚信管理者能够让企业飞黄腾达。只有这样，管理者才能放心大胆地放权给下属，让下属充分展示自己的才华；只有这样，下属才能在心理上建立起一种忠于企业、忠于领导的信任感，才能积极配合领导的方针政策，努力工作，为领导制订的工作目标而努力。

第二次世界大战结束后，有人曾问艾森豪威尔，成功的领导公式应该是什么，这位联军的最高统帅给出了这样一个公式："授权＋赢得追＝实现目标"。他认为，管理者必须获得部下毫无保留的支持，但这种支持不是靠威逼斥责，而是靠信任部属，把权力下授给他们而得来的。因此，在工作中，他尽可能把某些职权授予下属，让自己集中精力去做最重要的事。

艾森豪威尔所说的"权力下授"，就是授权，即管理者授予直接被管理者一定的权力，以便使被管理者能够相对独立、相对自主地开展有关方面的工作。授权是管理者智慧和能力的扩展、延伸和放大，有利于管理者腾出时间，集中精力去议大事、抓协调、管全局，有利于增强下属的责任心，调动下属的积极性，更好地去落实组织的各项工作任务。但是，科学合理的授权是以充分信任下属为前提的，这就要求管理者必须做到疑人不用、用人不疑，只有充分信任下属，才能真正放开手脚让下属去做事，才能做到真正意义上的授权。

管理者要想获得员工的充分信任，就要在日常工作中培养员工的忠诚度，让员工忠心耿耿、尽心尽职地为自己卖命，只有做到这个程度，才能说明员工对企业已经产生了深深的信任和忠诚的情

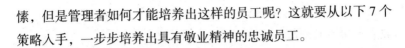

慷，但是管理者如何才能培养出这样的员工呢？这就要从以下7个策略入手，一步步培养出具有敬业精神的忠诚员工。

1. 鼓励创业，提升自我

公司应尽量给员工一个相对独立的发展空间，让员工有机会能够拓展自己的事业，这有助于企业的长期发展。事实上，很多员工都愿意为那些能给他们以指导的公司卖命，因为这样就意味着自身的能力能够不断得到提升，对将来实现自身价值也有很大作用，因此，"留住人才的上策是，尽力在公司里扶植他们"。

2. 及时夸奖，增强自信

企业领导应该多多对自己的员工进行夸奖，这样能够增强员工的自信心，让员工有一种得到赞赏的心理满足感。柏灵汀培训公司总裁丹尼斯说："你能向员工做的最有力的承诺之一就是，在他们工作出色之际给予肯定。"

3. 放下架子，不断授权

惠普公司是一个善于适当授权的公司，公司负责桌面电脑的美国市场经理博格说："对我们来说，授权意味着不必由管理人员做每一项决策，而是可以让基层员工做出正确的决定，管理人员在当中只担当支持和指导的角色。"

4. 坦诚相待，沟通及时

及时而有效的沟通和坦诚而真挚的心态是每一位员工都愿意接受的一种态度。试想一下，如果管理者在头一天还当着全体员工的面振振有词地说企业的未来将多么前途无量，结果第二天员工就在报纸上看到了企业濒临破产的消息，这将是一种什么样的感觉？这种谎报军情的沟通方式不仅不能鼓舞士气，激发员工的战斗激情，甚至还将给企业雪上加霜，使员工产生不信任感，从而锐气大减。

因此，正确的解决办法是，公开你的账簿，让每一个员工都能随时查看公司的损益表。

5. 挑战极限，设立目标

现在很多员工已经不仅仅满足于完成一些四平八稳的工作项目了，越来越多的员工则是希望自己的能力能够被最大限度地激发出来，因此，斗志激昂的员工总是爱挑战极限。这个时候，如果企业能不断提出高标准的目标，能够不断刺激他们挑战极限、超越自我，他们就会留下，不断为企业创造价值。对此，管理顾问克雷格曾经说："设立高期望值能为那些富于挑战的有贤之士提供更多机会。留住人才的关键是，不断提高要求，为他们提供新的成功机会。"

6. 股票基金，经济保障

很多人对金融市场账户和公共基金等一无所知，因此只得自己为自己安排退休费用。很多企业即使不提供养老金，至少也会在员工的黄金年代给他们一些现金或股票。霍尼韦尔公司允许其员工拿出 15% 以下的薪金投入一个存款计划，同时还允许员工半价购买等值于自己薪金 4% 的公司股票。另外，员工能在公开股市上购买霍尼韦尔股票，而且免收佣金。霍尼韦尔的质检部副总裁爱温说："这项政策旨在使所有霍尼韦尔员工都拥有公司的股份。如果你是当家做主的，就与公司和公司的未来休戚相关了。"

7. 深化教育，不断学习

现代社会瞬息万变，要想在这个竞争激烈的社会中争得一席之地，就需要不断强化自己的专业知识，不断提升自身的职业修养，这样才能不被时代所淘汰。在信息市场中，学习绝非空耗光阴，而是一种切实需求。在这方面，惠普公司就做得很好，惠普允许员工脱产攻读更高学位，学费 100% 报销，同时还主办时间管理、公众演讲等多种专业进修课程，通过拓宽员工的基本技能，使他们更有服务价值。

"用人不疑"靠的是气度

"用人不疑，疑人不用"，这句话所有的领导都会说，但真正做到的没有几个。一个善于用人的管理者，不仅不要轻易怀疑别人，而且能以巧妙的处理方式，显示自己用人不疑的气度，消除可能产生的离心力，使得"疑人"不自疑。古代很多君王便是精通此道的高手，唐太宗李世民就是其中之一。

唐太宗除了"水能载舟，亦能覆舟"这句流传千古的名言之外，在用人上还有一句至理名言，那就是"为人君者，驱驾英才，推心待士"。意思是说，身为一名君王，如果想要做到自如地"驱驾英才"，就必须做到对人才推心置腹，不怀疑他们，或对他们怀有戒备之心。唐太宗鉴于前朝隋文帝用人多疑的弊病，深感"君臣相疑，不能备尽肝膈，实为国之大害也"的教训，遂采取了对人才"洞然不疑"的做法。

高祖武德三年（620年），唐太宗劝降刘武周的将领尉迟敬德不久，尉迟敬德手下的两个将领就叛逃了。有官吏据此认为，尉迟敬德必定也会造反，于是没有向唐太宗请示，就将尉迟敬德囚禁于大牢中，并力劝唐太宗赶快将他杀掉。但是，唐太宗非但没有杀掉尉迟敬德，反而把他放了，并且召其进入自己的卧室，温语相慰，使之放宽心，临分别的时候还送给他一批金银珠宝。尉迟敬德被唐太宗的这种坦诚之心深深感动，发誓"以身图报"。后来，他果然为唐太宗立下了汗马功劳，甚至在唐太宗与王世充的斗争险境中救了唐太宗一命。

唐朝初期，政治清明，不存在朋党之争，但也偶尔会有一些小人利用唐太宗推行"广开言路"政策的机会，故意诽谤君子，馋害贤臣。为了不使这些小人得逞，唐太宗决定采取法律措施，对诽谤、诬陷者均"以谗人之罪罪之"。贞观三年（629年），监察御史陈师合觊觎房玄龄、杜如晦的宰相之位，遂上奏书毁谤房玄龄、杜如晦"思虑有限"。但唐太宗十分了解房玄龄、杜如晦两人的忠诚和才能，识破了陈师合的弹劾是"妄事毁谤"。于是对陈师合给予法律制裁，"流放到岭外"，从而使真正的贤士良才安心任事，充分发挥他们治国的才华。

由于唐太宗用人不疑，推诚以任，有不少突厥降将愿意肝脑涂地为其所用。契苾何力就是一个典型的例子。

契苾何力原是突厥一个可汗的孙子，贞观六年（632年），他同母亲一同归顺唐朝，唐太宗把他安置在甘、凉二州一带。后来，契苾何力同大将李大亮等攻打吐谷浑，建立了赫赫功勋。薛万均歪曲事实真相告契苾何力意欲谋反，契苾何力回朝后马上向唐太宗说明了真实情况，唐太宗对他更加信任，还把公主许配给了他。

有一年，契苾何力到凉州探亲时，他的部下一致劝他归降薛延陀，遭到了他的坚决反对。在部下的胁迫下，他割耳自誓，坚贞不屈，外界误传他已经叛唐，但唐太宗自始至终都对他非常信任。从此以后，契苾何力对唐王朝越发忠诚，唐太宗弥留之际，他还请求杀身殉葬，唐太宗坚决不许，他才作罢。

古人云："疑则勿任，任则勿疑。"用人不疑，这是管理者使用人才必须注意的原则。唐太宗曾说："但有君疑于臣，则不能上达，欲求尽忠虑，何以得哉？"把这句话推而广之，用人者怀疑被用者，对他办事不放心、不放手，就不能充分发挥被用者的作用。历史上无数事实也证明，在知人的基础上做到疑人不用、用人不疑，方能成就大事。

大权要独揽，小权要分散

领导并不意味着什么都得管，要懂得放权，但放权也是要有底线和原则的，否则会把自己搞成傀儡。领导对权力最合理的处理方法就是大权独揽，小权分散，做到权限与权能相适应，权力与责任密切结合。

《韩非子》里有这样一个故事：

鲁国有个人叫阳虎，他经常说："君主如果圣明，当臣子的就会尽心效忠，不敢有二心；君主若是昏庸，臣子就敷衍应酬，甚至心怀鬼胎，表现上虚与委蛇，然而暗中欺君而谋私利。"

阳虎这番话触怒了鲁王，阳虎因此被驱逐出境。他跑到齐国，齐王对他不感兴趣，他又逃到赵国，赵王十分赏识他的才能，拜他为相。近臣向赵王劝谏说："听说阳虎私心颇重，怎能用这样的人处理朝政？"赵王答道："阳虎或许会寻机谋私，但我会小心监视，防止他这样做，只要我拥有不致被臣子篡权的力量，他岂能得遂所愿？"赵王在一定程度上控制着阳虎，使他不敢有所逾越。阳虎则在相位上施展自己的抱负和才能，终使赵国威震四方，称霸于诸侯。

赵王重用阳虎的例子给我们现代管理者的一个启示就是，管理者在授权的同时，必须进行有效的指导和控制。这样既可以充分地利用人才，又可以避免因下属异心而导致管理上的危机。

"用人不疑，疑人不用。"管理者要做好授权，就应当放手让下属去干，不随意干预下属的工作，这样才能充分调动下属的积极性，激发出下属的潜能。

《吕氏春秋》记载，孔子弟子子齐，奉鲁国君主之命要到宣父去做地方官，但是，子齐担心鲁君听信小人谗言而从上面干预，使自己难以放开手脚工作，充分行使职权发挥其才干。于是，在临行前主动要求鲁君派两个身边的近臣随他一起去亶父上任。

到任后，子齐命令那两个近臣写报告，他自己却在旁边不时地摇动二人的胳膊肘，使得整个字体写得不工整。于是，子齐就对他们发火，二人又恼又怕，请求回去。二人回去之后，向鲁君报怨无法为子齐做事。鲁君问："为什么。"二人说："他叫我们写字，又不停摇晃我们的胳膊。字写坏了，他却怪罪我们。我们没法再干下去了，只好回来。"

鲁君听后长叹道："这是子齐劝诫我不要扰乱他的正常工作，使他无法施展聪明才干呀。"于是，鲁君就派他最信任的人到亶父向子齐传达他的旨意：从今以后，凡是有利于亶父的事，你就自决自为吧。五年以后，再向我报告要点。

子齐郑重受命，从此得以正常行使职权，发挥其才干，亶父得到了良好的治理。

这就是著名的"掣肘"的典故。

后来孔子听说此事，赞许道："此鲁君之贤也。"

古今的道理一样。管理者在用人时，要做到既然给了下属职务，就应该同时给予其职务相称的权力，放手让下属去干，不能大搞"扶上马，不撒缰"，处处干预，只给职位不给权力。

用分权来制权

春秋战国时期，齐桓公不计前嫌任用管仲被传为千古佳话，但这用才背后隐藏的集权与分权的辩证关系更能警策后人。

齐桓公在任命管仲之前曾经征求臣下的意见，让同意的人站左边，不同意的人站右边，唯独东郭牙站在中间。齐桓公不解，问之，东郭牙说："您认为管仲具备平定天下的能力与成就大事的决断力，还不断增扩他的权限，难道您不认为他也是一个危险的人物吗？"

齐桓公沉默了一会儿，最后点头。于是，他便任用鲍叔牙等人牵制管仲。

这个故事告诉我们的是：

首先，管理者要有分权意识，要像齐桓公那样敢于分给管仲等人以相当的权力。事实表明，管理说到底是用人成事的艺术，管理者只有善于发现贤能之士而授之以权，使之各负其责，各尽其能，各展所长，才能成就一番事业。

其次，在分权的过程中，要防止集权现象的产生。管理者应深刻明白，权力不受监督、制约就必然产生腐败，设法在下属之间形成权力制衡关系，以防止少数人专断和产生腐败现象。

当今，是一个讲究分权制衡的时代，为了防止权力腐败，任何人的权力都必须接受监督和制约。不过，人类社会演绎到现在已经不同于千百年前的专制王权，所以权力制衡是必要的，但这主要是为了防止某些人的个人专断和权力变异，而不是为了巩固上级领导的权力，更不是统治者所推崇的那种分权治下的权术。

中国行政制度自古就十分重视分权制衡的必要性。

秦汉时，中央设三公九卿。三公指丞相、太尉、御史大夫，他们同为宰相。丞相总领百官，处理万机，为国家最高行政首长；太尉掌军事，一般由皇帝亲自兼任，或缺而不授；御史大夫掌图籍章奏和监察。行政权、军事权、监察权分立。丞相地位最高，权力最大，上听命于皇帝，下有御史大夫监察弹劾。而且丞相又分为左右，因此，丞相要受到诸多牵制。太尉负责国家军事，废置无常，掌管武官的选授和考核等，但无调兵权。御史大夫地位比丞相、太尉要低得多，但可以监察文武百官，纠弹丞相、太尉。

这种互相牵制的艺术固然可以使权力均匀分散，让重要权力集中于中央、君主，然而也存在一些弊端，比如多设官吏会造成机构臃肿，人浮于事，影响行政效率。而且多设官吏，正职之外又设副职、监察官来互相监督牵制，以禁止别人以权谋私；如果副职、监察官也想以权谋私，谁又来禁止他们呢？再派人牵制副职、监察官，势必造成人人自危的局面。

因此，分权制衡要有目的，要有针对性，不能盲目安插牵制职位，防止陷入类似于北宋末因冗员过多而不得不变法改革的困境。

要驾驭好集权和分权这两把剑的确并非易事。管理者可以参考松下幸之助的一些管理办法：

分散与集中结合得比较紧密。一方面，松下公司的事业部，是权、责、利相统一的独立核算的经营单位，事业部的部长被授予公司总经理那样的大部分权力，在产品开发和人、财、物与供、产、销等方面都有自主权。另一方面，事业部又要接受总公司的财务管理和严格考核。

松下幸之助灵活地运用这个事业部的制度，不断地根据企业内外环境的变化对集权和分权进行合理的调整。

有了良好的组织机构，还需辅以合理的责任制，使每个部门、每个工作人员各司其职、各尽其责，高质量、高效率地完成各自承担的任务，使领导系统的整体功能建立在合理的、明确的职务分工、责任分工、权力分工和合理的利益分配基础之上，这样有利于克服职责不清、功过不分、不讲效率的现象，有利于增强工作人员的事业心和责任感，发挥其主动性和创造精神。

分清管理型人才与业务型人才

如今有很多企业对管理的概念不明晰，极大地混淆了管理和业务的关系。其实，管理与业务本是两码事，业务好的人未必懂管理，管理好的人也未必精业务。

业务对企业来说，就是赚钱的具体途径、手段，而管理就是把赚钱这件事做好的方法。这两个概念乍看上去似乎没什么区别，深究起来其实大有不同。做事的方法往往比事情本身重要，因为只要有好方法，做起事情来事半功倍，效率非常高。

现在有很多企业都存在以业务来判断管理的惯性思维。它们的用人思维往往是这样的：提升某位员工当经理，是因为他的业绩很出色，或是因为他们干的时间长，业务经验很丰富。

这完全是一个错误的逻辑，一个人的业绩好，只能代表他自己的成绩，而一个管理者是要对一个团队负责的。把干的时间长，经验丰富作为评价一个人是否适合做管理者的依据之一，难免有失偏颇。因为一个人干的时间长，只能证明这个人办事的熟练度高而已，未必能证明这个人办事的理念先进、思维明晰、富有创造性和具有高效率。办事的熟练度高，未必能证明办事的质量高，这是两码事。而且丰富的经验和高熟练度往往会让人产生思维与行为的惯性与定式，从而使人变得固执、抱残守缺而缺乏进取心与创造性。这也就是我们常说的"经验主义害死人"。

我们经常会看到这样的场面，一个在某个行业工作了很久的人，为了否定一个新人的创新建议而说这样的话："在这个行业里，你干的时间长还是我干的时间长？"这么一句蛮不讲理的话往往会把新人堵得哑口无言，进而扼杀了很多富有创造性的想法和建议。一件事情的对与错取决于这件事情的本身，而不取决于谁干的时间有多长。我们如果要否定一个人，就应该拿出充分否定这件事的证据，而不是摆老资格。

实际上，在现实生活中，这种思维的害处已经无所不在了。我们经常可以看到，一个在基层岗位业绩非常耀眼的业务人才，被提拔到了管理者的岗位上后便迅速凋谢；我们还可以看到，有很多管理得一塌糊涂的企业，其实并不缺乏拥有十年乃至几十年业务经验的业务高手。

管理型人才和业务型人才有很大区别，一个好士兵未必能成为一个好将军。作为领导一定要将这两类人才分清，避免混淆概念，埋没人才。

用人就要用他最突出的地方

作为一个管理者，应该一分为二地看人，某个人在某方面有突出的地方，就一定会有不突出的地方。这需要管理者在用人时，准确把握其优势和劣势，发挥其长处，避免其短处。

美国柯达公司在生产照相感光材料时，工人需要在没有光线的暗室里操作，为此，培训一个熟练的工人需要相当长的时间，并且没有几个工人愿意从事这一工种。但柯达公司很快就发现盲人在暗室里能够行动自如，只要稍加培训和引导就可以上岗，而且他们通常要比正常人熟练得多。

于是，柯达公司大量招聘盲人来从事感光材料的制作工作，把原来的那一部分工人调到其他部门。这样，柯达公司充分利用了盲人的特点，既为他们提供了就业机会，也大大提高了工作效率。这不能不归功于"掌门人"高明的用人策略。

由此可见，管理者只要用人得当，缺点也可以变成优点。事实上，一个人的优点和缺点不是一成不变的，而且长处和短处是相伴而生的，常见到有些长处比较突出、成就比较大的人，缺点也往往比较明显。

至于那些胆大艺高、才华非凡的人由于某种原因而受到歧视、打击，对这些"怪才"管理者更要理解他们的苦衷，尊重他们，为他们提供一个发挥才能的空间。如果管理者跳出传统的思维定式，从客观实际出发，有针对性地用人之短，往往能起到意想不到的效果。

一家公司的招聘登记表格中，有这么一栏："你有什么短处？"有一次，一位下岗女工来应聘，在这一栏填上了"工作比较慢，快不起来"。朋友一致认为，她是不可能被录用的，谁知，最后老板亲自拍板，录用了这位女工，让她当质量管理员。

老板说，慢工出细活，她工作慢，肯定会细心，让她当质量管理员错不了，再说，她到过许多地方应聘，没有被录用，到这里被录用了，肯定会拼命地干，以后，我们公司肯定不会有退货了。结果，正如老板所预言的那样，她工作成绩显著，公司的确很少有退货了。

在这个案例中，老板充分发挥了"从短见长"的才智，充分发挥了各人的优势取得了成功。管理者需要注意的是，越是天才越有缺陷。有缺陷的天才就因为他有一方面的欠缺，才有了另一方面的优势。反之，样样精通的人成不了天才。因为样样都会的人意味着他样样都不会，一个人只有专注、专一、专心，他才有可能成为天才。

李响在美国化工公司中国分公司担任技术员。他的专业能力很强，不仅对自己工作范围内的技术问题能够轻松解决，还时常跨部门研究，经常帮助其他部门的同事搞定科研难题。他对研究技术表现出非常人所拥有的兴趣，经常为了弄懂一个小问题，而加班到深夜。公司的领导很器重他，不仅送他去公司总部进修，还时常让他担任科研项目负责人，李响每次都能出色地完成。

但是李响有一个致命的缺点，那就是不善与人沟通，缺乏团队合作精神。在本部门内部，只要别人不喊他的名字，他绝对不会说话。在他带领的科研项目中，他往往只是简单地发给大家一个任务表和计划表，就不再交代什么。下属们每次都要反反复复地找他沟通好几次。并且他很固执，当别人与他探讨技术方案的时候，无论对他提出的方案有任何反对意见，他都不接受，即使只是细小的修改他也寸步不让。总经理感到很头痛，却无良策。为了不限制他在技术上的发挥，只好委屈他人，任其由着自己的性格进行工作。

需要提醒的是，管理者在用有缺点的下属时需要掌握的一个重要原则，就是要做好控制，不然就会纵容下属犯错。有家鞋厂的会计，他在管账时经常出错。但他有一个优点：交际能力很强。于是，老总把他调到营销部门。待了一年，业绩斐然。这件事在单位里传为美谈，员工们认为老总慧眼识珠，把一块石头变成了金子。但一次偶然的机会，公司让他负责购进原材料。由于他的粗疏大意，被别人以次充好，公司一下子损失一百多万。

在很多管理者看来，短就是短，但殊不知，短也是长。即所谓："尺有所短，寸有所长。"清代思想家魏源说："不知人之短，亦不知人之长，不知人长中之短，不知人短中之长。则不可能用人。"中国智慧充满了辩证法，就看管理者是否具备这样的眼光。

第二章

学会授权，你就不会累到病

信任是授权不可动摇的根基

领导者之所以授予某人权力，是因为领导者信任他，授权是信任的结果，而一旦授权，就要信任员工，所以，信任又是授权的开始，授权最主要的是信任，"用人不疑，疑人不用"。没有信任，就不能授权；缺乏信任，就会授权失败。

作为一名合格的领导者，信任和激励下属并不是一件难事，但是有相当多失败的领导者却对授权不知所措，甚至怀疑员工的工作能力。

许多领导者不信任员工的能力，担心员工没有完全自由运用权力和做出正确决策的能力，觉得与其授权，还不如亲自解决。的确，一些公司现有的员工队伍，由于绝大部分人员是从先前的其他岗位转变而来，确实存在一些人能力偏低的现象，但是，每个人的能力都是在工作实践中锻炼出来的，没有哪个人的能力是与生俱来的，包括领导者本人。

还有一些领导者，担心员工出错。这种担心是正常的，因为不少员工没有经验或者能力欠佳。领导者一定要允许员工犯错误，如果不允许犯错误，实际上也不会有什么授权。举个例子，你去学开车，教练要给你充分授权，否则你就学不会开车。实际上，教练担心你开不好车，怕你出车祸，但同时，教练又不得不授权给你做，要不然你永远都开不了车。那么，教练怎样教你才对？如果教练发现你在转弯时使用方向盘出错，只要你不发生车祸，教练就应该等你转了弯以后再跟你说做错了，教练必须给你犯错误的机会。如果你每一次做得都不好，教练就骂你，这样做的结果，不但没有让你学得更快，反而使你更加紧张，出更多错，甚至使你丧失继续开车的勇气。所以，领导者在进行授权时，首先应当建立这样一种信念：错误是授权的一部分。也就是说，要让员工百分之百地按照领导者的意图来完成工作是不大可能的，员工在完成任务的过程中出现一些错误是正常的。

领导者授权给员工必须对其信任，信任是成功授权的关键，也是成功的领导者一个不可或缺的重要内容。

有关资料显示，世界500强企业中有99%的企业非常重视员工的忠诚度，特别是他们的领导者授权给他们时，着重强调每一位领导者必须信任他们的员工。

如果你是一名优秀的领导者，特别是你授权给下属的时候，一定要信任他们，因为授权的成功与否，信任是其中一个非常重要的因素。

信任，是惠普成功的一个不可或缺的因素。领导者们深知，对员工的信任能够让员工愿意担负更多的责任，从而能充分发扬公司的团队合作精神。要完成公司的目标，就必须得到公司各层员工的理解和支持，相信他们，允许他们在致力于自己或公司目标的实现中有充分的灵活性，从而帮助公司制订出最适于其运作和组织的计划。

在惠普，存放电气和机械零件的实验室备品库是全面开放的。这种全面开放不仅允许工程师在工作中任意取用，而且实际上还鼓励他们拿回家供个人使用。惠普认为，不管工程师们拿这些零件做的事是否与其工作有关，总之只要他们摆弄这些玩意就总能学到点儿东西。

授权给员工的前提是信任。信任是授权的根基。只有充分信任，才能合理授权，否则授权会失去意义。

通过授权提升领导力

授权是现代领导的分身术。南希·奥斯汀说："它（授权）是人人都是企业家的现象，这能使每个人都成为经营战略信息流当中的一员，使每个人都成为主人翁。"现代社会，领导者面临政治、科技、经济、社会协调等千头万绪的工作，纵使有天大的本事，光靠自己一个人也是绝对不行的，必须依靠各级各部门的集体智慧和群体功能。这就要根据不同职务，授予下属以职权，使每个人都各司其职，各负其责，各行其权，各得其利，职责权利相结合。如此一来，就能使领导者摆脱烦琐事务，以更多的时间和精力解决全局性的问题，提升领导力。所以与职务相应的权力不是领导者的恩赐，不是你愿不愿给的问题，而是搞好工作的必需品。

如何更有效地发挥下属的积极性、创造性，是现代企业管理中令企业领导十分感兴趣的问题，并且，不少企业进行了卓有成效的尝试。当今巴西最负盛名的企业集团——塞氏工业集团，创造出了一种旨在最大限度地发挥员工积极性、创造性的全新管理模式。

塞氏企业是一个生产多种机械设备的大型集团。几年前，理查德·塞姆勒从父亲手中接下塞氏时，它还是个传统的企业。刚开始，塞姆勒也深信拥有纪律的高压管理能创造效益，以统治数字为武器的强干也能主导业务。但在一次生病后，塞姆勒的这种想法发生了彻底的改变。

塞姆勒先是取消公司所有的规定。因为他认为规定只会使奉命行事的人轻松愉快，却妨碍弹性应变。原本在塞氏，每位新进入的员工都会收到一本20页的小册子，重点提醒大家用自己的常识判断解决问题。

而现在，塞氏企业的员工已经可以自定生产目标，不需劳驾管理人员督促，也不要加班费。主管们也享有相当大的自主权，可以自行决定经营策略，不必担心上级会来干预他。最特别的是，员工可以无条件地决定自己的薪水。因为塞氏主动提供全国薪水调查表，让员工比较在其他公司拥有相同技术和责任的人所拿的薪水数目，塞姆勒毫不担心有人会狮子大开口。

员工们也可以自由取阅所有的账册，公司甚至和工会一同设计了专门课程，教全体员工如何看各种财务报表。

每当要做真正重大的决定时，例如要不要兼并某公司等，塞氏将表决权交给公司全体员工，由全公司员工的投票结果决定。

塞氏没有秘书，没有特别助理，因为塞姆勒不希望公司有任何呆板的而又没有发展的职位。全公司上上下下，包括经理在内，人人都要接待访客、收传真、拨电话。塞氏曾做过试验：将一叠文件放进作业流程，结果要三天才送进隔壁办公室对方手里，这更坚定了塞姆勒要精简组织的决心。

塞姆勒不像别的老板那么勤于办公。早上他多半在家里工作，因为他认为那样比较容易集中精神。他甚至还鼓励公司其他经理也像他一样在家里工作。此外，他每年至少出外旅行两个月，每次旅行都不会留下任何联络的电话号码，也不打电话回公司，给塞氏其他领导充分的职权，因为他希望塞氏的每个人都能独立工作。

塞氏继对组织进行变革后，也改变了部门之间的合作方式。比如某个部门不想利用另一个部门的服务，可以自由向外界购买，这种外界竞争的压力使每个人都不敢掉以轻心。塞氏还鼓励员工自行创业，并以优惠的价格出租公司的机器设备给创业的员工，然后再向这些员工开设的公司采购需要的产品。当然，这些创业的员工也可以把产品卖给别人，甚至卖给塞氏的竞争对手。

塞姆勒一点儿都不担心这样会弄垮塞氏，他说：这样做使公司反应更敏捷，也使员工真正掌握了自己的工作——伙计变成了企业家。

此外，塞氏还进行工作轮调制。每年他们有20%—25%的经理互相轮换。塞姆勒认为，人的天性都是闲不住的，在同一个地方待久了，难免会觉得无聊，导致生产力下降，唯一的方法就是轮调。同时由于塞氏的各项工作速度及频率都太快了，这给员工造成了相当大的压力，塞氏非常重视专业再生充电，也就是休假制。因为这可以让员工借此机会重新检讨个人的工作生涯与目标。

令人称道的是，在经济不景气、经济政策混乱的大环境中，塞氏近12年来的增长率高达600%，生产力提高近7倍，利润上升5倍。无数应届毕业生表示自己有到塞氏工作的意愿。

如果领导者对下属不放权，或放权之后又常常横加干预、指手画脚，必然造成管理混乱。一方面，下属因未获得必要的信任，便会失去积极性；另一方面，这也会使下属产生依赖心理，出了问题便找领导，领导者就会疲于奔命，误了大事。因此，企业领导者要下属担当一定的职责，就要授予相应的权力。这样有利于领导者集中精力抓大事，更有利于增强下属的责任感，充分发挥其积极性和创造性。

接受的工作越重要，员工越有干劲

对于人才培养，最重要的是委以重任。要逐渐拓宽被培养者处理工作的范围，这是促其成长的动力。

通常而言，员工都有一种强烈的欲望，希望被别人重视，想多担负一些责任。因为担负了责任，自己就有责任感，换句话说，给了某人责任与权限，他就可以在此权限范围内有自主性，以自己的个性从事新的工作，一旦员工尝到了在重要的工作中获得成就的甘果后，就能调动自身的内在潜力和干劲，迸发出更强烈的进取欲望。

所以，领导者要让所有的员工都明白，你希望他们能完成艰巨的工作任务，希望充分发挥他们的水平。

一个人的精力虽然不是无穷无尽的，但是有时候也能发挥出超越自身极限的力量来。员工在困难中的紧张感，对自己的信心，对困难工作的坚决果断，以及坚持到底的热情，不怕苦难必须成功的毅力，这一切融合在一起的时候，就会爆发出巨大的威力，做出原先想不到的成就。

如果员工认为自己的工作不重要，就会在很大程度上影响他的积极性。曾经有一个员工说："现在的工作分工越来越细，也越来越单调，如果长期如此，就会越干越没兴趣。"也有员工说："我根本不知道干这份工作有什么意义，简直太乏味了！"可见，如果员工认为自己的工作并不重要，或者对工作的重要性认识不足，那他就看不到工作的价值，也就激发不起他们工作的热情，更无从激发其潜力了。

工作的重要性有两重含义：一是在企业内部，全体员工公认是一项重要的工作；二是从整个社会来看是一项重要工作。

在企业内部，将工作细分之后，其个人承担工作的重要性也就削弱了。领导者要善于授权，并赋予工作以重要意义，从而增强员工的荣誉感和使命感。

一位旅馆经理吩咐一位男服务生去关一间房间的窗户，在这位男服务生心里可能埋怨只让他做这份本该由女服务员做的简单工作之前，经理就以一种非常慎重的态度告诉他："那间房间的窗帘非常昂贵，你现在必须赶快把窗户关好，否则待会儿刮风下雨，窗帘一旦损坏，就会出现重大损失。"

这位男服务员听完之后，立即飞奔去关窗户了。

这位饭店经理的高明之处在于，他让那位男服务生认为自己负担的责任不仅仅是关窗户而已，还需要他去保护价值昂贵的窗帘。

因此，领导者有必要谨记一点：让对方知道他必须如此做的理由；让对方知道他所担负的某项任务的重要性。

一个人一旦有了成就，就会产生一种满足感，为了获得更大的满足感，他就会做出更大的成就，这就是一种良性循环。

大权紧抓不放，小权及时分散

大权要揽，小权分管。就是说：身为企业领导者，应该负责企业的经营管理，掌管决策大事，保证企业沿着正确的方向发展前进；作为员工应该按照企业制定的方针政策，在分工负责的原则下，各执其事，认真工作。

一个企业犹如一个小社会，政务、业务、事务样样都有，人事、生产、生活一应俱全，每天都有一大堆问题需要处理。面对这种情况，领导者如果事无巨细都亲自去处理，那样就会"捡了芝麻，丢了西瓜"，延误抓大事。领导者只能对那些全面性的、重要的、关键的和意外的问题去亲自处理，把其他问题交由各有关部门和人员去处理。企业无论大小，人员均应有所分工，然后按照分工各执其事，这样既责任明确，不至于误事，也可充分发挥各人的工作积极性。

有的人工作十分繁忙，可以说是"两眼一睁，忙到熄灯"，一年365天，整天忙得四脚朝天，恨不得将自己分成几块。

这种以力气解决问题的思路太落伍了。出路在于智慧，采取应变分身术：管好该管的事，放下不该自己管的事。

授权是领导者走向成功的分身术。今天，面对着经济、科技和社会协调发展的复杂局势，即使是超群的领导者，也不能独揽一切。领导者尤其是高层领导，其职能已不再是做事，而在于成事了。因此作为领导，并不意味着他什么都得管。应该大权独揽，小权分散。做到权限与权能相适应，权力与责任密切结合，奖惩要兑现，这样做有许多好处。

第一，可以把领导者从琐碎的事务中解脱出来，专门处理重大问题。

第二，可以激发员工的工作热情，增强员工的责任心，提高工作效率。

第三，可以增长员工的能力和才干，有利于培养干部。

第四，可以充分发挥员工的专长，弥补领导者自身才能的不足，也更能发挥领导者的专长。

某公司一位年轻主管负责电视地区分公司的工作，开始的半年里，他每天都是日理万机，百忙之中渐渐感到力不从心，而公司的员工们并没有如他所希望的那样，以他为榜样，勤勉、主动地工作，反而精神更显低迷。

这种情形引起了这位主管的警觉，他感到一定是自己的管理出了什么问题，才造成这样的状况，而这种情形如不及时得到纠正，后果将是难以设想的。

在经过一番思考甚至斗争之后，他开始试着把要做的所有工作按重要性、难易程度排序，把各项工作分派给适合的员工去完成，自己只负责三件事，一是布置工作，告诉员工该如何去做；二是协助员工，当员工遇到自己权力之外的困难时，出面帮助员工解决困难，或者要求员工自己想办法解决；三是验收工作，并视员工完成工作的状况给予激励或提醒。

在这样做之后，这位主管惊奇地发现，不但自己有了被解放的感觉，员工们也开始表现出极强的主动工作的劲头，公司业绩明显攀升。由于自己从大量的事务性工作中解脱出来，所以有充足的时间开始思考公司的发展战略。他描述自己就像一个自动化工厂的工程师，每天只是在优雅的环境里走动，视察自行高效运转的流水线可能出现的问题。

　　领导者遇到的事有大事、有小事，领导者要全力以赴抓大事。大事就是全面性、根本性的问题。对于大事，领导者要抓准抓好，一抓到底，绝不半途而废。记住"杀鸡不用宰牛刀，掏耳朵用不着大马勺"！

　　只要是做领导，无论是刚刚上任，还是已经做了很长时间，一定会面对许多事情要处理，但千万不要认为，把自己搞得狼狈不堪是最佳的选择。轻松自如的领导者善于把好钢用在刀刃上，厚积而薄发，不失为上策。

集权不如放权更有效

　　在现代企业中，优秀的领导者是那些有能力使他的下属信服而不是简单地控制下属的人。这就要求，想成为优秀的领导者，就必须善于分派工作，就是把一项工作托付给别人去做，下放一些权力，让别人来做些决定，或是给别人一些机会来试试像领导一样做事。

　　当然，有的工作并不是人人都乐意去做。这时候，领导者就该把这些任务分派一下，并且承认它们或许有些令人不快，但是无论如何这个工作也必须完成。

　　这种时候，领导者千万不要装得好像给了被分派这些任务的人莫大的机会一样，一旦他们发现事实并非如此的时候，也许就会更讨厌去做这件事。这样一来，想想看，工作还能干得好吗？为什么总有些领导会觉得把工作派给别人去做是件如此困难的事情呢？下面这几点就是可能出现的原因。

（1）如果领导者把一件可以干得很好的工作分派给下属去做了，也许他达不到领导者可以达到的水平，或者效率没有领导者那么高，或者做得不如领导者那么精细。这时，求全责备的思想就会以为把工作派给别人去做，不会做得像自己做得那么好。

（2）领导者害怕自己一旦把工作交给别人做了之后，就会无事可干。所以那些手握小权的领导者，哪怕是芝麻大的事也不舍得放手让别人去干。

（3）如果让别人去做领导者自己的工作，领导者可能会担心他们做得比自己好，而最终取代自己的工作。

（4）领导者没有时间去教导别人该如何接受工作。

（5）没有可以托付工作的合适人选。

其实，如果领导者确确实实想要把工作分派下去，那上面列举的这五个问题都不会成为真正的问题。因此领导者要对付的第一件事就是自己对此事所持的推诿态度。

如果领导者确实有理由担心，因你的员工在工作上出了差错之后，领导者就会丢掉自己的工作；或者在领导者工作的地方，氛围很差，领导者担心工作不会有什么起色，这时候，领导者就有必要和自己的上司谈谈这些情况，从而在分派工作的问题上获得他的支持。

如果确实还没有可以托付工作的人选，而领导者自己又已经满负荷运转，那么，也许领导者就有必要考虑一下是不是应该再雇一个人。

当然，放权也要有个度。其中，"大权独揽，小权分散"是现代企业中实行的一项既授权，又防止权力失控的有效办法。

法国统盛·普连德公司是一个生产电子产品、家用电器、放射线和医疗方面电子仪器的大型电器工业企业。该公司下属各分公司遍布全球，为了对这个年销售额达到数十亿美元的大企业进行有效的管理，公司实行了"大权独揽，小权分散"的管理制度。

总公司紧握投资和财务方面的两大关键权力。而且公司所属的分公司，每年年底都要编制投资预算报告，并呈报总公司审核，总公司对预算报告进行仔细分析，如果发现有不当之处，就让各公司拿回去进行修改。当投资预算获得批准后，各公司都必须照办。当然，这些预算也不是不可变更的，只要在预算总额内，各分公司的主管还可以对预算内的金额进行调整。通常，分公司的经理拥有对每一个预算项目增减 10% 的权力，如果数目超过 10%，那就必须经过高一级的主管批准。

该公司建立了一项十分有效的管理控制员制度，对下属公司的生产，尤其是财务方面进行监督。这些管理控制员在执行任务时，都得到了总公司董事会的全力支持，他们对各公司的间接制造费用、存货和应收账款等特别注意，一旦发现有任务不正常的迹象，就立即报告总公司，由总公司派人进行处理。各分公司每个月的财务报表都必须有管理控制人员签字，才能送交董事会。

我们看到，该公司在投资和财务两方面牢牢掌握住大权，但是在别的方面却实行了分权。该公司的领导者认为，大的企业，其领导者不可能事必躬亲，分权制度可以减少领导者的工作压力；即使是小企业，其领导者也不可能事无巨细，包揽每一项工作，也必须给下属分权，让下属发挥其聪明才智，为企业出谋划策，促进企业的发展。

因此，该公司的每一家分公司都自成一个利润中心，都有自己的损益报表，各事业部门的经理对其管辖的领域都享有充分的决策权，同时他们也尽量把权力授予下级，充分发挥分权制度的最佳效果。

自从实行分权管理制度后，统盛·普连德公司就成功调动了各分公司的积极性，生产蒸蒸日上，利润年年增加，获得了相当大的成功。统盛·普连德公司"大权独揽，小权分散"的成功经验，也给现代企业管理提供了很好的借鉴。公司的要害部门要直属，公司的关键大权要掌握在自己手里；其余的权力能放就放。这样，上下级就能劳逸平均，各得其所，各安其职，每个人的积极性、创造性都得到了充分的调动，同时又不至于发生权力危机。

授权要讲究策略和技巧

领导者面对的是一个个有思想的人，授权时如果不分对象、不看情势，就会造成领导者对权力的失控。因此，授权必须讲究策略和技巧，在对权力的一收一放之间把握运用权力的正确节奏。

1. 不充分授权

不充分授权是指领导者在向其下属分派职责的同时，赋予其部分权限。根据所给下属权限程度的大小，不充分授权又可以分为以下三种具体情况：

（1）让下属了解情况后，由领导者做最后的决定；让下属提出所有可能的行动方案，由领导者最后抉择。

（2）让下属制订详细的行动计划，由领导者审批。

（3）下属采取行动后，将行动的后果报告给领导者。

不充分授权的形式比较常见，由于它授权比较灵活，可因人、因事而采取不同的具体方式，但它要求上下级之间必须确定所采取的具体授权方式。

2. 学会弹性授权

弹性授权是综合充分授权和不充分授权两种形式而成的一种混合的授权方式。一般情况下，它是根据工作的内容将下属履行职责的过程划分为若干个阶段，然后在不同的阶段采取不同的授权方式。这反映了一种动态授权的过程。这种授权形式，有较强的适应性。也就是当工作条件、内容等发生变化时，领导者可及时调整授

权方式以利于工作的顺利进行。但使用这一方式, 要求上下级之间要及时协调, 加强联系。

3. 掌握制约授权

制约授权是指领导者将职责和权力同时指派和委任给不同的几个下属, 让下属在履行各自职责的同时形成一种相互制约的关系。如会计制度上的相互牵制原则。这种授权形式只适用于那些性质重要、容易出现疏漏的工作。如果过多地采取制约授权, 则会抑制下属的积极性, 不利于提高工作效率。

4. 尽量避免授权的程序错乱

一个企业即便人员不多, 授权也应该注意一定的程序, 否则, 授权的结果只会带来负效应, 在实际工作中, 领导者的有效授权往往要依下列程序进行。

（1）认真选择授权对象。如前所述, 选择授权对象主要包括两个方面的内容: 一是选择可以授予或转移出去的那一部分权力; 二是选择能接受这些权力的人员。选准授权对象是进行有效授权的基础。

（2）获得准确的反馈。领导者授意之后, 只有获得下属对授意的准确反馈, 才能证实其授意是明确的, 并已被下属理解和接受。这种准确的反馈, 主要以下属对领导授意进行必要复述的形式表现出来。

（3）放手让下属行使权力。既然已把权力授予或转移给下属了, 就不应过多地干预, 更不能横加指责, 而应该放开手脚, 让下属大胆地去行使这些权力。

（4）追踪检查。这是实现有效授权的重要环节。要通过必要的追踪检查, 随时掌握下属行使职权的情况, 并给予必要的指导, 以避免或尽量减少工作中的某些失误。

当然，在授权时，还应注意以下 4 点：

（1）领导者授权时要注意激发下属的责任感和积极性。授权的目的，是要下属凭借一定的权力，发挥其作用，以实现既定的领导目标。但如果领导者有权不使，或消极使用权力，就不能达到这个目的。因此必须制定奖惩措施，对下属进行激励，引入竞争机制。

（2）领导者要给下属明确的责任。要将权力与责任紧密联系起来，交代权限范围，防止下属使用权力时过头或不足。如果不规定严格的职责就授予职权，往往成为管理失当的重要原因。

（3）领导者要充分信任下属。与职务相应的权力应一次性授予，不能放半截留半截。古人云："任将不明，信将不专，制将不行，使将不能令其功者，君之过也。"领导者给职不给相应的权，实际是对所用之人的不尊重、不信任。这样，不仅使所用之人失去独立负责的责任心，严重挫伤他们的积极性，一旦有人找他们，他们就会推："这件事我决定不了，去找某领导，他说了才算。"

（4）领导者授权时要注意量体裁衣。要根据下属能力的大小，特别是潜在能力的大小来决定授职授权，恰到好处地让每个下属挑上担子快步前进，避免有的喊轻松，有的喊累死。

领导者管人是否得当，就是看授权的策略和技巧是否用到位。下属可根据所授予的职权，在实际工作中能否恰到好处地行使权力，胜任职务来判断。领导者务必慎重、认真地授权。

领导的任务不是替下属做事

一个真正的领导者，他的主要任务是做好决策，把握好做什么、哪里做、何时做、谁来做，想办法找正确的人做正确的事，激励下属去做，而不是代替下属去做。

领导者就好比一个坐在帐篷里运筹谋划的元帅或将军，而下属则好比是上阵冲杀的士兵，领导者替下属做事好比统帅跑出军营跨上战马披起盔甲代替士兵去上阵冲杀。其成绩也就可想而知了。领导者事必躬亲，大包大揽，属于"将军"的事他干了，属于"士兵"的事他也干了，吃苦受累，任劳任怨，但结果却听不到下属的一句好话，而是不绝于耳的指责与埋怨。真是费力不讨好！

可问题是，如果仅仅是费力不讨好也就罢了，更严重的是，这种事必躬亲的领导者的所作所为，对组织却是有害无利。因为他的大包大揽，导致下属索性站在旁边什么也不干，大长懒惰之风，使生产和工作效率大大降低；并且，一个人包打天下，顾此则失彼，一个不小心就会使组织陷入旋涡，无法自拔！

这样的领导者十分可悲，因为他忙忙碌碌了半天，结果什么也没有得到。更令他万万没有想到的是，他竭心尽力，日理万机，却害了自己的组织！同时也十分可怜，因为谁都不会去同情他的处境。

一个高效率的领导者应该把精力集中到少数最重要的工作中去，次要的工作甚至可以完全不做。人的精力有限，只有集中精力，才可能真正有所作为，才可能出有价值的成果，所以不应被次要问题分散精力。他必须尽量放权，以腾出时间去做真正应做的工作，即组织工作和设想未来。

领导者要通过别人来做具体的工作，即使领导者自己可以更好、更快地完成工作，但问题在于领导者不可能亲自去做每一件事情。如果领导者想使工作更富有成效，就必须向下属授权，让下属去做事。

领导者最主要的任务是去展望未来——而这种事情往往是不能授权给别人的。领导者的任务不是去忙于监督那些日常工作，更不是亲自去做那些琐事。放权是为了能有更多的时间去集中精力思考那些只能由自己去做的事情！就像总统只考虑重大的宏观问题一样，领导者只思考企业的大问题和未来的方向，并提出必须优先考虑的事项，制定并坚持标准。

一名领导者，不可能控制一切。领导者应该是那个协助寻找答案，但并不提供一切答案；参与解决问题，但不要求以自己为中心；运用权力，但不掌握一切；负起责任，但并不以盯人方式来管理下属的人。领导者必须使下属觉得自己跟领导一样有责任关注事情的进展。把管理当作责任而不是地位和特权才是领导者能够进行真正的、有效授权的基本保证。

那些事必躬亲的领导者往往会有这样的想法：他们应该主动深入到工作当中去，而不应该坐等问题的发生；或者他们应当让下属感觉到自己不是一个爱摆架子或者高高在上的领导。这些想法确实值得肯定，而且领导者也的确应该适当干些有益赢得人心的杂活，但这毕竟是提升自身形象的一种手段，而不是让领导者什么事都亲力亲为，因为走向了这一极端不仅没有任何好处，还会让领导者付出很大的代价。

如果领导者有着事必躬亲的倾向，那么下面几点建议或许会对其有所帮助。

1. 恰当地授权

当组织发展到一定阶段，随着事务的日益增多，领导者就已经无法亲自处理所有的问题了，这时候就需要授权。从某种意义上说，授权是管理最核心的问题，也是简单管理的要义，因为管理的实质就是通过其他人去完成任务。授权意味着领导者可以从繁杂的事务中解脱出来，将精力集中在管理决策、经营发展等重大问题上来。通过授权，领导者可以把下属管理得更好，让下属独立去完成某些任务，也有助于他们成长。

2. 学会置身事外

实际上，有些事务并不需要领导者的参与。比如，下属们完全有能力找出有效的办法来完成任务，根本用不着领导者来指手画脚。也许你确实是出于好意，但是下属们可能不会领情。更有甚者，他们会觉得领导者对他们不信任，至少他们会觉得领导者的管理方法存在很大问题。当出现这种情况时，领导者应当学会置身事外。

领导者在决定对某项事务做出行动之前，可以先问自己两个问题："如果我再等等，情况会怎么样？"以及"我是否掌握了采取行动所需要的全部情况？"如果认为插手这项事务的时机还不成熟或者目前还没有必要由自己来亲自做出决定，那么领导者就应当选择沉默。在大多数情况下，事情也许根本不用领导者去费心，下属们就会主动去弥补缺漏。通过这样缜密的考虑，领导者会发现也许有时候自己的行动是不必要的，甚至会使情况变得更糟。

3. 弄清楚究竟哪些事务身为领导不必亲自去做

既然明白了事必躬亲的弊端，那么下一步领导者就必须明确授权的范围，也就是说，究竟哪些事务领导者不必亲自去做。根据组织的实际情况，授权的范围肯定会有所不同。但这其中还是有一些规律性的东西。在授权时，下面几个因素值得考虑：

（1）任务的复杂性。任务越复杂，领导者本人就越难以获得充分的信息并做出有效的决策。如果复杂的任务对专业知识的要求很高，那么与此项工作有关的决策应该授权给掌握必要技术知识的人来做。

（2）责任或决策的重要性。一般说来，一项责任或者决策越重要，其利害得失对于团队或整个企业的影响越大，就越不可能被授权给下属。

（3）组织文化。如果在一个组织里，管理层对下属普遍很信任，那么就可能会出现较高程度的授权。如果上级不相信下属的能力，则授权就会变得十分勉强。

（4）下属的能力或才干。这可以说是最重要的一个因素。授权要求下属具备一定的技术和能力。如果下属缺乏某项工作的必要能力，则领导者在授权时就要慎重。

H·米勒说过："真正的领导者不是要事必躬亲，而在于他要指出路来。"领导者向下属授权，不仅可以使自己从繁忙的工作当中解脱出来，更可以增强下属的工作积极性。这种一箭双雕的事情，是每个领导者都应该学会去做的。

放权方可释放权力的效力

管理虽说是上级对下级的一种权力运用，但是如果简单地这样理解，那就错了，因为现代管理不是权力专制的表现，而是权力调控的表现。

权力是一种管理力量，但是权力的运用应该是有法度的，而不能是公司领导者个人欲望的自我膨胀。因此，一个高明的领导者，首先要明白这一点：自己的工作是管理，而不是专制；也就是说，领导者不是监工，因为监工就是专权的化身。把自己当作监工，大权独揽，把所有的下属都看成是为自己服务的领导者，绝对不可能成为一个好的领导。再者说，监工式的管理模式已经与现代企业"以人为本"的思想相去甚远。也许监工式的管理模式在一时一刻有用，但是却不可能时时有用。因此，领导者需要牢记一点："以人为本"的管理会对公司领导的用人方式带来益处，至少不会招致下属的心理抗拒，容易使双方形成平等、融洽的人际关系，从而创造一种良好的工作气氛。

从另一个方面来讲，一个人只有手中有了权力才会有工作的能力。士兵有了开枪的权力，才能奋勇杀敌；推销员有了选择客户的权力，才能卖出货物。如果领导者把这些权力死死地握在手中，而不将其授予下属，那么这些权力的效力也就无法得到释放。

放下一些权力给下属，领导者才能收获一些人心，其实这是一个很简单的道理，也是一种等价交换。

对一个领导者而言，彻底改变监工身份，有时候并不是嘴巴上简单说说而已。要转变这种观念，需要用领导者自己的实际工作来体现，才能真正做到由专权到放权的角色转换。领导者要切记，不要误以为专权就是手握大权，放权就是失权，相反，放权的同时可以有效地释放权力的应有效力，赢得下属的心，使下属更加尊重你的权力，使你的权力从本质上更有效应；而专权则只能是迫使下属表面服从，却赢不了下属的心。

领导者通过分权和授权，能够充分发挥下属的主观能动性，最大限度调动下属的积极性和创造性，提高工作效率。当然，领导者指派下属去做某项工作之后也不能不管不问，在适当的时候询问下属一些问题，可以防止他偏离目标。例如，问他是否需要协助，工作进度如何，是否遇到困难等。领导者应该站在客观的立场上评价下属的工作，并鼓励他们大胆去做。这样一来，领导者也就能收获下属的心，获得一群卖力工作的手下。

有效授权必须经过充分准备

有效授权是贯彻分层管理原则的需要，也是管理抓大事管全局的需要，同时也是调动下属积极性的需要。但是授权并不是一件简单的事，要想让授权达到理想的效果，必须经过充分的准备。总的来说，领导者在实施授权之前，至少应做好下面4种准备：

1. 培育授权气氛

领导者要让下属充分地意识到，组织在经历一次变革，这次变革将要带来的不仅仅是一些细微的变化，而是组织的全面改变：人际关系、决策方式、工作方式的深刻变化。所以，领导者需要在待授权的组织内创造一种适于授权的气氛。

领导者此时要做的事情是实施各项授权前奏活动，倡导组织内部的改变。授权过程中也许会遇到一些障碍，但是作为领导者，必须积极地倡导授权，不能因受到组织现行机制的围困而气馁不振。

2.选取授权任务

在正式开始授权之前，领导者要对必须完成的任务按照责任的大小，进行分类排队，不同类的工作对应不同的授权要求，做出一张"授权工作清单"。

（1）必须授权的工作。这类工作本不该领导者亲自去做，它们之所以至今留在领导者的手中，只是因为领导者久而久之的习惯，或是因领导特别喜欢此项工作而不愿交给别人去做。这类工作授权的风险最低，即使出现某些失误，也不会影响大局。

（2）应该授权的工作。这类工作基本上是一些下属完全能够胜任的例行的日常公务，下属们对此有兴趣，觉得有意思或有挑战性，而领导者却一直由于疏忽或其他原因而没有交给他们去做。

（3）可以授权的工作。这类工作往往具有一定难度和挑战性，要求下属具有相当的知识和技能才能胜任，过去领导者一直因为不放心而长期躬亲为之。事实上，只要领导者在授权之外，特别注意为接受权力的下属提供完成工作所需的训练和指导，把这类工作交给下属，可以有机会让他们提高自己的才能。

（4）不能授权的工作。每个组织的工作之中，总有一些工作关系到组织的前途、命运和声誉，直接影响领导者业务拓展的工作，这类工作不允许失误，一旦失误就必须付出沉重的代价；或者这类工作除领导者本人外，谁都无法完成，这类工作是不可授权的，必经领导者亲手为之。

3. 任务标准化

我们经常能听到授权受挫的领导者这样抱怨："当我把工作交给他们去做时，他们总是频繁地回来请示这该怎么做，那该怎么做。"

"他们的工作报告总是不能令我满意，我总是不能得到期望的结果。"

"我告诉他事情是这样的，他却似乎难以理解。"

之所以会出现这样的结果，主要在于这些领导者没有很好地理解：把一件工作留给自己做与交给下属做对这件工作本身的要求是不同的。领导者交给下属的任务必须是标准化了的任务，这种标准化的含义包括下面几点：

（1）任务是明确表述的，有清晰的目标与方向。

（2）任务完成的程序具有相对稳定的模式，完全没有思路的任务不适于授权。

（3）完成任务所需条件是相对明确的，任务完成者知道如何寻求配合和帮助。

（4）任务的完成要有相对明确的评估标准，以确定任务完成的质量。

领导者将工作任务标准化，其意义远不止在于授权的需要，它对于公司的科学的管理提升具有非凡的意义，是公司走向正规化、走向成熟、走向制度化而非领导者主观化的必经之途。

4. 准备承担责任

领导者已经下定决心实施授权，大量细碎的前期铺垫也已经完成，即将要跨越授权之门了。但是，有一个问题领导者必须真正意识到，这就是责任。

在实施授权之后，领导者的工作量减少了，但肩上的担子却不会因此而减轻，相反它只会加重。在实行授权之后，领导者不仅要对尚未授权移出的职权负有全部责任，还对那些已经授权移出的职权也负有一定的责任。

这就要求领导者必须做好承担最终责任的准备，才能拉开授权的大幕。

信任是授权的精髓和支柱

领导者只有认可下属的才能并信任他，才可能给他权力。从授权的角度上来说，信任是授权的精髓和支柱，只有充分信任，才能有效授权。

一般的领导者不放心把权力委托给下属，这是出于"谁也不能做得像我自己做得那么好"的思想，或者是惧怕下属滥用权力，这实质上就是不信任自己下属的表现。

某杂志曾经以"你最不喜欢什么样的老板"为题征集50位白领的看法，结果收到的大多是历数老板的种种致命缺点的意见。其中，骄傲自大、刚愎自用、不懂得充分授权和信任下属被提到的次数最多。不错，没有信任，又何谈授权？一些领导者表面上是授权了，可是仍然要事事监控，或者关键的地方不肯放手，这都是不信任的表现，如此的授权又有什么实质的意义呢？

须知，不被信任，会让下属感到不自信，而不自信就会使他们认为自己不会成功，进而感到自己被轻视或抛弃，从而产生愤怒、厌烦等不良的抵触情绪，甚至把自己的本职工作也晾在一旁。相反，在信任中授权对于下属而言，是一件非常快乐而富有吸引力的事，它可以极大地满足下属内心的成功欲望，因受到信任而自信无比，灵感迸发，使其工作积极性骤增。

本田公司第二任社长河岛决定在美国设厂时，企业内预先设立了筹备委员会，聚集了来自人事、生产、资本三个专门委员会中最有才干的人员。河岛只负责最后的决策，而制订具体方案等工作全部交由下属负责，河岛一律不参加，他认为下属会做得比自己更好。比如，位于俄亥俄州的厂房基地，河岛一次也没有去看过，这足以证明他充分授权给员工。当有人询问河岛为什么不赴美实地考察时，他说："我对美国不很熟悉。既然熟悉它的人觉得这块地最好，难道不该相信他的眼光吗？我又不是房地产商，也不是账房先生。"

本田公司的第三任社长久米在"城市"车开发的过程中也充分显现了对下属的授权原则。"城市"开发小组的成员大多是20多岁的年轻人，一些董事担心地说："都交给这帮年轻人，没问题吧？""会不会弄出稀奇古怪的车来呢？"但久米毫不理会这些质疑，他大胆放手地让这些年轻人去干。就这样，这些年轻技术员开发出的新车"城市"，车形高挑，打破了汽车必须呈流线形的常规。那些故步自封的董事又说："这车形太丑了，这样的汽车能卖得出去吗？"但久米坚信：如今的年轻人就是想要这样的车。果然，"城市"一上市，很快就在年轻人中风靡一时。

就像经营之神松下幸之助说的："用他，就要信任他；不信任他，就不要用他。"所以，当企业领导者给下级授权时应当充分相信下级员工能担当此任。

这是一家中型计算机公司发生的事。一天下班时，一位员工将自己拟好的销售计划塞在了经理办公室的门把手上，不久，他便被叫去说明情况。在他进门后，经理开门见山地说："计划写得不错，就是字迹太潦草了。"这位员工紧张的心情顿时放松了下来，随即问道："这项计划是不是预算开支较大啊？要不我再与另外两个同事一起来修改一下，然后再向您汇报一下。"经理不等他说完便打断了他："对于我们公司来说这个数目的费用是不大的，我看计划确实不错，你要有信心干好，那就去干吧，别让时机错过了！"

这位员工先是吃了一惊，然后信心十足地拿起计划书离开了。大约两个月以后，他的销售计划取得了很大的成功，经理专门在会议上表扬了他，公司也给了他一定的奖励。

由此可见，建立在信任基础上的授权可以激发最强烈的动机，使人全力以赴。

当然，有些领导者之所以不信任下属，除了怕他们能力不足之外，还怕他们会在操作过程中出现失误，造成企业的损失。但是如果没有失误又哪来的进步呢？再说，人非圣贤，孰能无过？既然领导者决定授权，就要予以充分的信任，允许他犯错误。

只有领导者充分信任下属，才能进行有效授权。正如著名管理专家柯维曾精辟地说："授权并信任才是有效的授权之道。"在实际工作中，一方面，下属都希望能获得上司的信任，被授予更多权力；另一方面，获得授权的下属，只有在被完全信任的情况下，才能拥有自主决策的权力，并能有效行使被授予的职权。反之，缺乏信任的授权，必然导致下属失去积极性，缺乏主动性的结果。当然，值得信任是信任的前提。领导者不妨找到那些值得信任的下属，然后放手让他们干吧！

授权需把握时机注意细节

时机和细节是决定成败的关键。一位决心授权的领导者，在形成一个授权的操作方案之后，要做的就是选择一个适当的时机，这个时机的选择对于授权的效果会有显著的影响。

这种时机既可能是在一些特殊的事件发生时，也可能是在一些司空见惯的现象再次出现时。把握这种时机，恰当地授予权力，能让下属切实感到授权的必要性，或避免授权进入过程的生硬。

善于授权的领导者常在下列情形出现时授权：

（1）领导者办公时间几乎全部在处理例行公事。

（2）领导者需要进行计划和研究而总觉时间不够。

（3）下属因不敢决策，而使自己的部门或企业错过赚钱或提高公众形象的良机。

（4）领导者正在工作，频繁被下属的请示所打扰。

（5）下属因工作闲散而绩效低下。

（6）单位发生紧急情况而领导者不能分身处理时。

（7）领导者因独揽大权而引起上下级关系不和睦。

（8）由于部门的业务扩展，需要成立新的管理层面时。

授权的时机成熟后，就是领导者运用授权手段的时候，这时领导者应该注意的便是授权的细节问题了。

在授权的过程中，存在许多细节，如果领导者能对这些细节给予充分的注意，那么授权就必定能取得良好的效果。我们把这些细节归纳为以下 7 个要点：

1. 领导者心态的自我调适

许多领导者不敢把权力授予下属，这主要源于他内心对个人权威和职位缺乏安全感，源于其对授权缺乏领悟。决心实施授权的领导者首先必须进行心态的自我调适，勇敢地面对自己内心潜在的对授权的恐惧，建立起自信心。

2. 领导者应了解下属的能力

优秀的领导者不是依据下属的技术和现在表现出的能力来分派职务，而是以他们的工作动机和潜在能力来决定。许多领导者无法充分利用下属的潜能完成任务，这是很失败的管理，更是人才的浪费。领导者应时刻记住：下属是你最宝贵的财富，你没有理由不深入地了解你的下属。

3. 自上而下协调一致地授权

领导者应使员工在自己控制的范围内，自上而下对授权有深刻理解。由领导自己开始做起，一直推行到最基层。每一阶层的人员都应了解：为了企业、部门和全体员工的共同成长，领导者必须容许下属做决定。如有错误，亦应妥善处理。为了授权能够获得成功，领导者还必须做好付出犯错误的代价的准备，并以此作为全体职员追求进步的成本支付。管理学家统计，假如允许新进的管理人员在低层次的管理工作中犯错误，那么他们就会在错误中学习，反而可以避免以后犯更大的错误；在数量上，后者的收益远大于前者的支出，对企业和下属来说，这是双赢的行为。

4. 训导受权者

授权不是一种单向的管理手段，而是领导者与员工之间的互助合作。授权行动只有同时得到受权者的认同，才能真正顺利推行，获得成功。事实上，授权正是训练下属的一个好方法，应该引导他们认识到，接受授权是个人追求进步的一个过程；让他们了解到，这新的权力和附带的责任，会使他们日后成为好的主管。受权不仅意味着接受了一份任务，更意味着拥有了展示全部才华的舞台，得到了一个脱颖而出、受人瞩目的机会。

5. 让受权者明白要达到的效果

授权的领导者应该在下属前方树立一个具有诱惑力而又清晰可见的目标，让受权者明白上司期望的结果是怎样的。领导者应要求受权者把行动计划写出来，让他们认清自己该如何达到预期效果，并需要哪些协助。通过这种形式，领导者可以确切地了解受权者对期望绩效的认知程度。

6. 事先确立绩效评估的标准

领导者在授权的同时必须把绩效评估的标准制定出来并公之于众，这有利于协助下属和领导者双方适时地衡量工作的成果。在"以人为导向"的企业里，考核标准不是由领导者单方面制定的，而是由参与其事的所有工作成员共同协助制定出来的。

7. 领导者应给予适时的帮助

授权的领导者对受权的下属负有的责任包括两个部分，其一是监督下属达到预期目标；其二便是在下属需要帮助的时候，及时提供协助。领导者在对企业政策的理解、信息的拥有量上占据优势。有效的授权会向受权的下属提供咨询、讨论及实时的各种协助，当然，领导者不应去干涉下属的具体行动方式。

总之，英明的领导者做事无不恰到好处地把握住时机与细微之处。授权时机的选择和细节的关注，将会使授权人和受权人实现双赢。

授权之后还要避免反授权

领导在授权过程中以及授权以后，还要注意防止"反授权"。所谓反授权，就是指下属把自己所拥有的责任和权利授给领导，即把自己职权范围内的工作问题、矛盾推给领导，授权领导为自己工作。这样，便使理应授权的领导反被下属牵着鼻子走，处理一些本应由下属处理的问题，使领导在某种程度和某些方面沦落为下属的下属。

领导者如果对此不提高警惕，不仅使领导工作陷于被动，忙于应付下属的请示、汇报，而且会使下属养成依赖心理，上下级都可能失职。

出现"反授权"现象，其原因无非两大类：一是领导方面的原因；二是下属方面的原因。

首先是来自领导方面的原因：

（1）领导不善于授权，缺乏授权的经验和气度，毫无"宰相肚里能撑船"的风范。

（2）对"反授权"来者不拒。授权之后还事必躬亲，大事小事都要过问。一些怕担风险、能力平庸的下属，特别是一些善于投机、溜须拍马的下属，就喜欢事无巨细都向领导请示、汇报，以显示对领导的尊重。

（3）思想认识跟不上形势，宁肯自己多干也不愿意授权给下属；对下属不够信任，非得亲自动手心里才踏实；担心大权旁落，自己被架空。

（4）少数领导官僚主义严重，喜欢揽权，搞个人主义，使得下属无相应的决策权，因而不得不事事向领导请示汇报。

其次是来自下属方面的原因：

（1）某些下属抱着"不求有功，但求无过"的想法。

（2）有些员工缺乏应有的自信心和必要的工作能力。

（3）一些员工思想素质差，只求谋官，不想干事；只想讨好领导，不愿自冒风险；害怕承担风险，喜欢矛盾上交；认为搞不好责任也在上面，自己可以当"太平官"。

在这里，我们看一个防止"反授权"的例子。

美国山达铁路公司年轻的技术室主任史特莱，虽然自己很努力地工作，但是却不知道怎样去支配别人工作。一次，他被指派主持设计某项建筑工程。他率领三个下属，去一个低洼地方测量水的深浅，以便知道经过多深的水，才可以建筑坚固的石基。

当时史特莱才20岁出头，资历尚浅，虽然也在各铁路测量队或工程队工作了好几年，但独当一面指挥别人工作，还是第一次。

史特莱极想为三个下属做出表率，以增进工作效率，在最短的时间内完成工作，所以开始的三天，他埋头工作并以为别人一定会学他的样子，共同努力。谁知这三个下属世故甚深，狡猾成性。他们看到年轻的领导这么努力，以为他少不更事，便假意恭顺，奉承史特莱的工作做得好，而自己却袖手旁观，几乎什么事也不干。结果工作进展得很不顺利，难以达到史特莱的期望。史特莱虽然困惑但脑子还算清醒，他回去思索了一晚，发觉是自己措施失当，知道自己如果将工作完全揽在身上，他们就会无事可做。第四天工作时，史特莱便改正以前的错误，专力于指挥监督，不再事必躬亲，工作效率果然大有改观。

可见，身为领导，必须注意防止"反授权"，这样才能成为一名成功的领导者。

选好对象是成功授权的关键

授权是一项原则性强、政策性高的严肃工作，必须谨慎郑重操作。除了审慎地确定授权范围和程度外，选择好的受权者特别重要，受权者即接受上级所授权力和责任的个人。受权者如果选择失误，那么出现难以预料的授权后果往往不可避免，并且还可能给领导者留下后患。选好受权者，是授权工作的基础和关键一环。为此，要求授权者对拟受权的下属做如下分析：

（1）这个人具有哪方面的能力、特长和经验？政治品德如何？他最适合承担何种工作？

（2）委托这个人做什么工作，才能最大限度地激发他的工作热情和潜力？

（3）他目前担负的工作与拟授权的哪些工作关系最为密切？

（4）这个人对哪项工作最关心、最感兴趣？

（5）哪项工作对他最富有挑战性？

在上述分析的基础上，才有可能把所要授出的责权与受权者的品德、能力、性格、兴趣等最大限度地统一起来，才能做到把权力授予最合适的人。

在现实生活中，具有以下特点的人，往往是受权的理想人选。

1. 善于团结协作的人

他们在实际工作中协调组织能力强，善于理顺人际关系，凝聚力和向心力强。在实际工作中，工作的成果往往需要组织成员齐心协力、团结协作来取得。现今社会中那些善于同舟共济、情感沟通的公共关系人就是准受权者。

2. 善于独立处理问题的人

这种人善于独立思考问题，并善于发现某些处于萌芽状态的问题；善于处理复杂棘手的问题；善于提供有价值的独特见解。他们能弥补领导者知识的盲点，授权给他们，往往能解决难题。相反，那些遇事无主张、凡事都要向领导者请示汇报的人，往往不能成为准受权者。

3. 大公无私的奉献者

有的人尽管工作能力很强，但是如果让他多做些工作，就讨价还价，只顾个人利益和短期利益，或者工作稍有绩效，就想着回报；既干着工作，又时时想着谋私；一旦工作中投入大于产出，就满口怨言。这种人往往不能赢得别人的喜欢，尽管他有时显得很精明，但往往只是小聪明而已。

4. 不徇私情的忠诚者

他们往往办事认真负责，善始善终，敢于坚持原则、坚持真理，对错误言行和时弊敢于直言不讳。如果领导者大胆授权给他们，那么得到的将是可靠的支持和帮助。

5. 勇于创新的开拓者

这种人属于实干家、活动家，办事能力强，开拓能力卓越。工作中敢于大胆设想，敢于标新立异，另辟蹊径。领导者如果授权给这种人，往往会开拓出新的工作局面。比如具有创新信念的肯尼伍兹钢铁公司总裁贝尔、能力挽狂澜的汽车大王艾柯卡、从荆棘中走向坦途的尤金尼·杜尔奈等人都创造了商业经营管理的奇迹。

6. 那些犯过非本质的或是偶然错误并渴求悔改机会的人

这些人在犯了错误、失去某些尊严和荣誉后，多少有些失落感。其最强烈的愿望是别人能给他们一个挽回损失的机会，并渴求重新恢复其应有的尊严和价值。因此，领导者在充分认识到这一心理后，如果大胆接受他们，他们会因重新获得信任和尊重而拼命工作，即使最脏最累最危险的工作，他们也会愉快地去做。

选好受权者，除了分析考察每个下属的特点、能力、性格等主观因素之外，还要综合考虑拟授权工作的性质和特点。这样才能恰当地选好受权者。

用地位调动员工的热情

无论何时何地，人们都渴望能够拥有自己的地位。让那些优秀的员工担当重一些的责任，哪怕只是个小主管，他也会觉得已确立了自己的地位而干劲十足。

有许多基层的员工，虽然他们个人能力都很优秀，但却很少考虑工作的整体，想休息时就不去上班；而一旦职位提升，反而会认为工作第一。许多基层员工总是对上司抱有敌对心理；而一旦赋予他某种责任，他便会改变态度，热心督促下属工作。

当然，毕竟在一个企业中职位是有限的，很多时候并没有那么多的职位可供安排，故只有退而求其次，可让他当个指导者，指导后进人员，或者干脆建立责任制度。比如，向来不管家中财务的人，一旦叫他管理财产，他就会一改贪玩的个性，专心负起重任来。人无论是在家中还是组织内，只要在团体中确立了地位，就会觉得责任感加重，有奋发向上的意念。

你也可以对年资一年以上的员工说："你们现在已是企业的中坚分子，工作纯熟，因此我需要你们来指导新员工。要知道，这是一项很重要的工作，希望你们好好地干。"这些人一旦担任指导者的职位，有了自己的地位，工作起来就会格外有热忱。

由此看来，让员工确立位置并非一定要赋予他某种实实在在的地位。只要在感觉上，让他感到有人依赖他、信任他，使他感觉自己俨然是位经验丰富的人，就可以使他自认已经确立地位了。也就是说，只要让他专门负责某件事，让他独当一面，就会达到这种效果。

地位表明的是一种认可，一种身份。它不仅仅是一份更满意的薪水和一张更宽阔的办公桌。很多人为了获得地位，也不会在乎为了工作而长期加班。一个人的身份变迁，直接关系到这个人的荣辱兴衰，决定着其积极性的涨落。当一个职业经理人被邀请参加只有经理人才能参加的俱乐部时，他感到自己是受到重视的；当一个领导者成功地率领团队取得了公司销售竞赛的第一名时，他的奖金不一定比某些金牌销售员高，但他却体会到比获得高额奖金还要开心的感觉。

可见，地位不仅仅是职位，而应该是一种认可，是一种荣誉和一种尊敬，他带来的是满足与责任。

事实证明，象征地位的头衔即使没有实权，也能刺激人，能鼓励人们更加努力地工作，也能赢得人们的忠心和热忱。一个小小的

"授权"技巧，可以给领导者的工作带来很大的动力，其作用不可小视。

权力与责任必须平衡对等

下属履行其职责必须要有相应的权力，但同时，授予下属一定的权力时必须使其负担相应的责任，有责无权不能有效地开展工作；反之，有权无责则会导致不负责地滥用权力。责大于权，不利于激发下属的工作热情，即使只是处理一个职责范围内的问题，也需要层层请示，势必会影响工作效率；权大于责，又可能会使下属不恰当地滥用权力，最终会增加领导管理和控制的难度。所以，领导者在授权时，一定要向被授权者交代清楚事项的责任范围、完成标准和权力范围，让他们清楚地知道自己有什么样的权力，有多大的权力，同时要承担什么样的责任。

总的来说，要实现权力与责任平衡对等，应灵活掌握以下基本原则：

1. 明确

授权时，领导者必须向被授权者明确所授事项的责任、目标及权力范围，让他们知道自己对哪些人和事有管辖权和利用权，对什么样的结果负责及责任大小，使之在规定的范围内有最大限度的自主权。否则，会使被授权者在工作中摸不着边际，无所适从，贻误工作。

2. 下属参与

让下属参与授权的讨论过程，这样可以增加授权的效率。首先，只有下属对自己的能力最了解，所以让他们自己选择工作任务可能会更有好处；其次，下属在参与过程中，会更好地理解自己的任务、责任和权力；最后，下属参与的过程是一个主动的过程，而一个人对自己主动选择的工作往往会尽全力将它做好。

3. 适度

评价授权效果的一个重要因素是授权的程度。授权过少往往造成领导者的工作太多，下属的积极性受到挫伤；过多又会造成工作杂乱无章，甚至失去控制。授权要做到授出的权力刚好够下属完成任务，不可无原则地放权。

4. 责权相符

权力与责任务必相统一，相对应。这不仅指有权力也有责任，而且指权力和责任应该平衡对等。如果下属的职责大于他的权力，那么下属就要为自己一些力所不及的事情承担责任，这样自然就会引起下属的不满；如果下属的职责小于他的权力，那么他就有条件用自己的权力去做职责以外的事情，从而引起管理上的混乱。

5. 要有分级控制

为了防止下属在工作中出现问题，对不同能力的下属要有不同的授权控制。比如对能力较强的下属可以控制得少一些，对能力较弱的下属控制力度可以大一些。然而，为了保证下属能够正常工作，在进行授权时，就要明确控制点和控制方式，领导者只能采用事先确定的控制方式对控制点进行核查。当然，如果领导者发现下属的工作有明显的偏差，可以随时进行纠正，但这种例外的控制不应过于频繁。

6. 不可越级授权

越级授权是上层领导者把本来属于中间领导层的权力直接授予下级。这样做会造成中间领导者在工作上处于被动，扼杀他们的负责精神。所以，无论哪个层次的领导者，都不能将不属于自己权

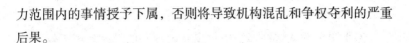

力范围内的事情授予下属，否则将导致机构混乱和争权夺利的严重后果。

7. 可控原则

授权不等于放任不管，授权以后，领导者仍必须保留适当的对下属的检查、监督、指导与控制的权力，以保证他们正确地行使职权，确保预期成果的圆满实现。权力既可授出去，也可以收回来。所有的授权都可以由授权者收回，职权的原始所有者不会因为把职权授予出去而因此永久地丧失自己的权力。

总之，领导者在授权时一定要注意权力与责任必须平衡对等，把权力和责任捆绑下放，做到权责相应。唯有如此，才能真正发挥授权的效用。

把权力授予合适的人

传说有一个国王为了解闷，他叫人牵了一只猴子来给自己做伴。因为猴子天性聪明，很快就得到国王的喜爱。这只猴子到王宫后，国王周围的人都很尊重它。国王对这只猴子更是十分相信和宠爱，甚至连自己的宝剑都让猴子拿着。

在王宫的附近，有一片供人游乐的树林。国王被那里的美景所吸引，带着他的正宫娘娘到林子里去。他把所有的随从都留在树林的外边，只留下猴子给自己做伴。

国王在树林里好奇地游了一遍，感到有点儿疲倦，就对猴子说："我想在这座花房里睡一会儿。如果有什么人想伤害我，你就要竭尽全力来保护我。"说完这几句话，国王就睡着了。

一只蜜蜂飞了来，落在国王头上。猴子一看就火了，心想："这个倒霉的家伙竟敢在我的眼前蜇国王！"于是，它就开始阻挡。这只蜜蜂被赶走了，但是又有一只飞到国王身上。猴子大怒，抽出宝剑就朝蜜蜂砍下去，结果把国王的脑袋给砍了下来。

企业领导者从这则寓言中可以获得深刻的启示。国王作为领导者，他的悲剧在于：将保护的权力授予了无法承担保护责任的猴子，就连一直尽职尽责保护自己的随从也被支开，正是这种不科学的授权，最终导致了悲剧的发生——国王的脑袋被猴子砍了下来。

在管理中一定要将权力授予能够胜任工作的人。领导要对下属进行完整的评价。如果发现有的下属对自己的工作了解很深，并且远远超出原来的预料，这些人就有可能具备担负重要工作任务的才能和智慧。如果对下属的分析正确无误，那么选择能够胜任工作的人这一步就比较容易做好。但有一点要记住，那就是要尽量避免把所有的工作都交给一个人去做。

授权给合适的人，是非常重要的。授权合适会给公司带来意想不到的成功。

北欧航空公司内部的陈规陋习严重阻碍了公司发展，董事长决心进行一次大变革，提高公司的效率和知名度，把北欧航空公司改造成欧洲最准时的航空公司。

卡尔松的想法是：自己如果有一套切实可行又十分有效的措施，就按照自己的措施施行；如果没有有效可行的措施，就设法找到一个能够进行这种变革，达到既定目标的人。然而卡尔松没有想出更好的办法，因此他必须找一个合适的人选，通过合理的授权，让下属找到一个能够达到既定目标的最佳途径。

卡尔松果然是一个好伯乐，他迅速找到了一个最合适的人选。一天卡尔松专程拜会他，以提问的方式说："我们怎样才能成为欧洲最准时的航空公司？你能不能替我找到答案？过几个星期来见我，看看我们能不能达到。"由于他是运用提问的方式让对方自己寻找答案，拜会回去后他就不用再思考这件事了，而他的合适人选正在苦思冥想，力图找到答案。

几个星期后，那位下属找到了答案。他约见卡尔松，说："目标可以达到，不过大概要花 6 个月的时间，而且要用 150 万美元的巨资。"随即，他向卡尔松说明了自己的全套方案。对于他的回答，卡尔松甚为满意，因为他原本计划要花的钱大大高于 150 万美元。于是卡尔松让这位下属认真地实施方案去了。

大约 4 个半月之后，那位下属请卡尔松来看他的成果如何。这时，卡尔松的目标已经达到，北欧航空公司已经成为全欧洲最为准时的公司，更为重要的是他还从 150 万美元的经费中节省了 50 万美元。至此，卡尔松甚为得意，他进行了一场大的变革，而且还省了好大一笔钱。

现代企业管理中，越来越多的领导者认识到：将手中的权力合理地授予下属，使下属拥有更多控制自己工作的权力，这是组织生存的唯一途径。但权力的使用向来都不是一件随随便便的事情，并不是每个下属都是权力授予的最恰当的人选，不是每个人都能够达到领导者所要求的目标。因此，选择合适的人选成为授权工作中最关键的前提条件，人选不合适，不如不授权，否则将会适得其反。

一手放权，一手监督控制

授权，通俗地说，就是在工作中"放风筝"。授权的成功与否，大而化之，决定企业的兴衰成败；小而化之，影响工作的顺利开展。因此，授权必不可少，授权势在必行。那么，如何才能真正做到有效授权、如何才能有效地放飞"权力"这个风筝呢？

风筝必须要舍得放才能飞得高，只有舍得放出去，风筝才飞得高、飞得远。授权亦然，好比诸葛亮，总是事必躬亲，总是把权力攥在手里不肯下放，下属又如何为其分担工作、承担责任呢？所以，权力虽好，必须有效下放，才能真正起到尽可能大的作用。

　　在有限的范围内，风筝自然是放得越高越妙趣横生，权力是下放得越大越能起到大的作用，只要不是超越了自己能控制的范围，就大胆地放。这样，既可以让下属有足够的权力可用，便于开展工作，又可以最大限度地减轻自己的工作量，让自己抽出时间做更有价值的事情。如某企业的一位生产经理，在生产过程中，不仅将每天生产部门内的日常工作交给助手去做，同时将每天的生产计划、多个车间的人员调配等重要事项也放手交给助手去安排，自己只是不时对生产进程、产品质量进行跟进，这样，既有效锻炼了这位助手的能力，也使自己有更多的时间去做总体上的宏观决策。

　　授权固然有利，但是授权并不等于放权。

　　授权意味着激励下属承担更多的责任，拥有更多自行决策的权力。首先，授权必须要有适宜的对象，即成熟而热忱的下属。他有足够的能力和意愿去担当责任，所以授权的第一步是授能，是培养激励员工的过程。懂得怎样用有效的态度和方式去激励别人，在经理生涯中起着双重作用，你激励别人，别人也在激励你，是互动的成长。我们可以从托马斯·爱迪生和他的母亲那里认识到这一点，当孩子感觉到他完全沉浸在可靠的信任中时，他会干得很出色。员工也是同样，处于信任的氛围中，他不会费尽心机地去保护自己免遭失败的伤害；相反，他将全力地探索成功的可能性。在这一阶段，经理人扮演着领导者的角色，需要给予员工具体的目标并加以指引和指导，协助他一起完成任务，很显然，这时的效率很低下，因为员工不能独立工作。

　　在授权过程中，一定要注意不要放松对权力下放后的跟进，不要以为有风筝线控制着，就能高枕无忧，要知道，情况随时都可能发生变化，稍不留神，风筝线就可能断脱，如不注意及时跟进，到时悔之已晚。所以，权力下放后，一定要随时跟进，时时保持拉线的韧度，绝不要使之断脱。

因此领导在授予权力后，必须对接受授权的下属进行监督和控制。没有制约的权力是不可想象的。仅有授权而不实施反馈控制会招致许多麻烦，最可能出现的问题是下属会滥用他获得的权限。因此，在进行任务分派时就应当明确控制机制。首先要对任务完成的具体情况达成一致，而后确定进度日期，在这些时间里，下属要汇报工作的进展情况和遇到的困难。控制机制还可以通过定期抽查得以补充，以确保下属没有滥用权力。但是要注意物极必反，如果控制过度，则等于剥夺了下属的权力，授权所带来的许多激励就会丧失。

在金鹿集团里，就一直奉行"用权不单干，主意不独断，放手不旁观"的十五字方针。公司领导认为，授权流程首先要交给合适的人，然后给他一个计划，充分授权，接着就是过程监控。把事情交给下属后，在这个过程中要给他一些支持，不断跟踪，就如同踢球，不能说只要他把球踢出去后就不管它往哪边走了，你要教他怎么踢会更准一点儿、会更快一点儿，这才是一种有效的授权，所以说要进行支持，要进行过程的监控。

泉州市某电器公司一经理也认为，授权的同时必须增强过程监控，而企业领导要做到对企业情况了如指掌，才能有效地驾驭它。

授权是必不可少的，但是放权后要监督控制，有效地放权，合理地监督是企业授权成功的保障。

一定要防止越权

领导者在授权时，要防止下属越权，对此，领导者必须进行有效的指导和控制。但如果领导者控制的范围过大，触角伸得太远，这种控制就难以驾驭。如何做到既授权又不失控制呢？下面是一些在授权过程中做到权力控制的几种做法。

首先，是评价风险。每次授权前，领导者都应评价它的风险。如果可能产生的弊害大大超过可能带来的收益，那就不予授权。如果可能产生的问题是由于领导者本身原因所致，则应主动矫正自己的行为。当然，领导者不应一味追求平稳保险而像小脚女人那样走路。一般来说，任何一项授权的潜在收益和潜在风险并存，且成正比，风险越大，收益也越大。

其次，是建立彼此信任关系。如果不愿接受领导者授予的工作，很可能是对领导者的意图不信任。所以，领导者在授权前有必要排除下属的疑虑和恐惧，并适当表扬下属取得的成绩。另外，还要着重强调：关心下属的个人发展是企业的一项主要职责。

最后，是进行合理的检查。适时的检查可以起到指导、鼓励和控制的作用。需要检查的程度决定于两方面：首先是授权任务的复杂程度；其次是被授权下属的能力。领导者可以通过评价下属的成绩，要求下属写进度报告，在关键时刻通过同下属进行研究讨论等方式来进行控制。

同时，企业领导者要减少下属的越权，在授权中还要注意以下两点：

第一，尽量减少反向授权。发生反向授权的原因一般是：下属不乐意冒风险，怕挨批评，缺乏信心，或者由于领导者本身来者不拒。

第二，学会分配麻烦的工作。分配那些单调乏味的或人们不愿意干的工作时，领导者应开诚布公地讲明工作性质，公平地分配繁重的工作，但不要讲好话道歉，要使下属懂得工作就是工作，不是娱乐游戏。

在授权时还要注意，尽量减少下属越权的可能性。同时，在授权后也要实行一定的控制，防止越权。但是，还有些下属会犯错误，在工作中超越了自己的权限。为此，对于这些越权的下属，领导者要学会合理对待，要在批评教育的同时，给予鼓励。

领导者对于下属的越权要先表扬后批评，越权在企业中是常见的事，有的下级越权，是做了本来应该由上级领导决定的事。这和他较强的事业心、责任心有关。这种越权精神还有可以原谅的地方，对这种出于正当动机而越权的下属，应该先表扬后批评。这样下属才既能为领导者的公正、体贴、实事求是所感动，又会领悟到什么该做、什么应该克服。

领导者要及时纠正错误。有时下属越权，对问题的处理是错误的，这时领导者应根据情况及时补救、纠正，亡羊补牢，力争把损失减少到最小，并及时教育下属吸取教训，警诫其越权行为。

给予下属警告。有些时候下属的越权决定处理的问题，可能是正确的，甚至干得很好，即使这样，可以维持现状，但领导者一定要指出下不为例，并给予一定的警告。

授权需要遵循的原则

授权虽然重要，但并不是每一个领导者都会授权，授权不当比不授权造成的后果更严重。领导者在给下属授权时，既不能是推卸责任或袖手旁观，也不能强人所难。授权要遵循几项一般性原则。

1. 授权必须综合考虑组织状况

授权要以组织的目标为依据，领导者在分派职责和委任权力时都应围绕着组织目标进行，只有为实现组织目标所需要的工作才能设立相应的职权；授权本身要体现明确的目标。在分派职责的同时，还要明确下属需做的工作是什么，达到的目标和标准是什么，对于达到目标的工作应如何奖励等。只有目标明确的授权，才能使下属明确自己所承担的责任。

2. 授权最好采用单一的隶属关系

作为企业，会有多个部门，各部门都有其相应的权力和职责。领导者不可交叉授权，否则会导致部门间相互干涉，甚至会造成内耗，形成不必要的浪费。让一个人负起责任比让几个人共同负责好。在企业里的连带责任，最后往往都是变成责任不清，双方都认为对方会处理，大多会发生袖手旁观、不负责任的情形。组织是目标连锁，承认目标者从负有达成这个目标的责任立场来说，责任应给予一个人，而不是两个或两个以上的人。

3. 互相信赖

授权之后，就要完全地信任对方，绝不去干涉。要做到这一点，就关系到做领导的一个条件了，那便是慧眼识英才。一个领导，要处理的事情中最重要的是生产、财务和人事。生产和财务两项，都是可以预估的，唯独人事有极大的变数。如何使一个人在他的工作环境中发挥所长，是领导者面临的最大难题。当然这也牵涉到职位的晋升、合约等，而最好的方式，便是告诉下属，他的工作性质、职权、责任、晋升标准等，当他清楚自己的工作之后，便放手让他自己去做。这便是授权并遗忘。这样，领导才有办法、有心力去应对下一个难题。

4. 量力授权

授权是一种权力的分解和转移，当然，这种权力的分解或转移，并不是被动和无条件的。相反，它是主动地、有选择地进行的。所谓主动，就是为了提高管理效率，领导者有意识地实行授权。所谓有选择，主要包含两层意思：一是领导者对将要授予或转移出的权力进行选择；二是领导者对接受权力的人员进行选择。

5. 允许下属犯错

对下属授权，就要对下属放心，就要允许下属在自己职责范围内自主行事，包括犯一些差错或过失。

下属犯了错误时，领导有时喜欢训斥下属，而不给他们一定的宽容。

这样导致的结果不外乎两种。一种是被责骂的下属垂头丧气，无可奈何地离去；另一种是被责骂的下属忍无可忍，勃然大怒，与领导大闹一场而去。

这时候，被责骂的下属一般都有这样的心理：权力是领导授予的，出了差错领导也有责任，自己已经认了错，领导还抓住不放，做得也太过分了。这样的领导，让人怎么跟他相处下去？性格刚强的下属会据理力争，与领导争个高下；而性格懦弱的下属则可能从此以后就自怨自艾，自暴自弃。

领导这样做显然是不明智的。下属能够自我反省，主动承认错误，实在是难能可贵的，领导应该给他一个机会，并加以正确引导。拒绝别人悔过，实在不足取。

第三章

管好自己，才能带好队伍

先完善自己、管好自己，才能带好队伍

在一个组织里，领导的员工能力素养和业务水平是衡量一个部门的指标。领导者要想带好队伍，必须先完善自己。只有不断提高自己的业务水平和能力，才能带领下属创造一个又一个奇迹。

每个人都有争强好胜之心，每个人都希望得到别人的肯定，都想得到更好的发展。但是，要想实现这个愿望并不是无条件的，关键是看你有没有能力，有没有真本领。业务技能精湛是做好本职工作的基本条件，也是适应竞争的需要。

王浩如今是一家建筑公司的副总经理。五六年前，他是作为一名送水工被建筑公司招聘进来的。在送水工作中，他并不像其他送水工那样，刚把水桶搬进来，就一面抱怨工资太少，一面躲起来吸烟。他每一次都给每位建筑工人的水壶倒满水，并利用工人们休息的时间，请求他们讲解有关建筑的各项知识。不久，这个勤奋好学、不满足现状的送水工就引起了建筑队长的注意。后来，他被提拔为计时员。

当上计时员的王浩依然尽心尽责地工作，他总是早上第一个来，晚上最后一个走。由于他勤学知识，对包括地基、垒砖、刷泥浆等在内的所有建筑工作都非常熟悉，当建筑队长不在时，一些工

人总爱问他问题。

一次，建筑队长看到王浩把旧的红色法兰绒撕开套在日光灯上以解决施工时没有足够的红灯照明的难题后，便决定让他做自己的助理。就这样，王浩通过自己的勤奋努力抓住了一次次机会，仅仅用了五六年时间，便晋升为这家建筑公司的副总经理。

王浩晋升为公司的副总经理后，依然坚持自己勤奋工作的一贯作风。他常常在工作中鼓励大家学习和运用新知识、新技术，还常常自拟计划，自画草图，向大家提出各种好的建议。

对于一名领导者来说，不仅要从业务知识方面提升自己，更要注意自身的个人修养，因为你的行为举止都可能被下属效仿。如果你希望自己的员工是什么样的，就要先完善自身，这样员工自然会跟着你走。

王浩的成功告诉我们，领导者自己严于律己、勤奋好学，不断提升自身的专业技能，才能够实现自身和企业发展常青的愿望。

在今天这个充满机遇和挑战的社会里，作为一名领导者，必须要求自己付出比其他人更多的勤奋和努力，积极进取、奋发向上，才能在复杂多变的工作环境中，带出一支优秀的团队。因此，不管我们现在从事什么样的职业，都应该在自己的岗位上刻苦钻研，努力让自己成为高素质的领导者。

找出自身独特的"卖点"，做自己的"品牌经理"

我们经常看到，推销人员在说服顾客购买产品时，总是滔滔不绝地列举一大堆的产品优点，也是吸引我们的产品卖点。我们每个人也一样，都有优点与特长，这就等同于产品销售时的卖点一样。

领导者应该根据自身的特征，从自己的优势出发，打造出个人品牌。有一个关于成功的寓言故事一直在各大公司之间广泛流传。

这个寓言故事讲的是：

为了和人类一样聪明，森林里的动物们开办了一所学校。开学第一天，来了许多动物，有小鸡、小鸭、小鸟，还有小兔子、小山羊、小松鼠。学校为它们开设了五门课程：唱歌、跳舞、跑步、爬山和游泳。

当老师宣布今天上跑步课时，小兔子兴奋地一下在体育场跑了一个来回，并自豪地说："我能做好我天生就喜欢做的事！"而再看看其他小动物，有噘着嘴的，有拉着脸的。放学后，小兔子回到家对妈妈说："这个学校真棒！我太喜欢了。"

第二天一大早，小兔子蹦蹦跳跳来到学校。老师宣布，今天上游泳课，小鸭子兴奋地一下跳进了水里。天生害怕水的小兔子傻眼了，其他小动物更没了招。接下来，第三天是唱歌课，第四天是爬山课……以后发生的事情，便可以猜到了，学校里每一天的课程，小动物们总有喜欢的和不喜欢的。

这个寓言故事寓意深远，它诠释了一个通俗的哲理，那就是要成功，小兔子就应跑步，小鸭子就该游泳，小松鼠就得爬树。不管从事何种职业的人，都必须充分认识、挖掘自己的潜能，确定最适合自己的发展方向；否则就有可能虚度光阴，埋没才能。

人的一生中，每个人都具有独特的、与众不同的才能和心智，也总存在着一些更适合他做的事业。在竭尽全力拼搏之后却仍旧不能如愿以偿时，我们应该这样想："上天告诉我，你转入另外一条发展道路上，一定能取得成功。"因为种种原因而不得不改变自己的发展方向时，也应告诉自己："原来是这样，自己一直认为这是很适合于自己的事，不过，一定还有比这个更适合自己的事。"应该认为另外一条新的道路已展现在你眼前了。

一定要身先士卒

有一个动物园的管理人员做了这样一个实验：

工作人员穿上狮子皮伪装成狮子，进攻黑猩猩群。开始时，黑猩猩群觉得恐惧，不停地发出哀号。猩猩首领也很怕狮子，它看着对面随时准备进攻的"狮子"，又看看身后这些望着自己的猩猩们，一会儿，这位首领拾起身边的树枝，做出勇敢地向狮子挑战的样子。

尽管猩猩首领也很恐惧，但它却没有逃跑，而是勇敢地率先向狮子挑战。因为它深知在危难之际，自己的责任。此刻如果它选择临阵脱逃，一定会被同伴鄙视，再也不能做大家的首领了。

企业中的领导者也是如此。在竞争越来越激烈的今天，企业随时随地都会面临各种困难。当面临困境时，领导者能够率先垂范面对难关，这样的精神就会影响部下，让大家都能够勇敢地面对挑战。

在现实生活中，有些领导者平常说话豪爽，看似很有担当意识，一旦面临危机时，狼狈不堪的样子会在危急时刻所采取的行动中表露无遗。部下若是看见自己的上司，在紧要关头却表现出不知所措的模样，一定会让他们觉得非常失望。

下属期待的领导者，是在非常时期能够表现得与众不同，且能够断然地做出决定，迅速敏捷地采取行动的领导者。而一个企业领导者更应该以身作则，用自己的实际行动来带动下属。只有这样的领导者，才能强有力地领导部下。

例如，企业提倡 5S 的工作环境，地面上有一张纸，领导者看也不看，大踏步地走了过去，后面的人也会跟着走过去。如果你弯腰捡起来，看到你捡纸的人，以后再看到地面上有废纸，就有可能捡起来。所以领导者就要当捡纸的第一人。

在下属面前，领导者一定要身先士卒。例如，当一个部门工作比较紧张的时候，职员在加班，部门经理最好陪着员工加班。即便你不参与工作，也可以在职员遇到困难时，及时给予帮助。如果下属都在紧张地忙碌着，经理却准时下班了，试问加班的员工还有多少积极性呢？

因此，作为领导者，要使员工们信服并且满怀工作热情，最重要的是应身先士卒，自己带头做出表率。

做任何事情都要用心

作为一个领导者，应该时刻注意你的工作态度和行为举止，要知道你在工作中的一切言行，下属都在关注着。领导的言行举止，不管大小都具有很强的导向作用，是下属关注的中心和模仿的样板。

如果说"认真做事"是一种态度的话，那么"用心做事"就是一种品质。有时一个不经意的细节，往往能够反映出一个人的深层修养。国外某企业在招聘管理人员时，就巧妙地设计了下面的场景：

一家大企业招聘高级管理人员，很多的应聘者都较为自信地回答了考官的问题，得到的结果都是等通知，没有当场录用的。就在招聘临近结束时，一个年轻的小伙子走在最后，看到面试室门口处有一个纸团，他弯下腰把纸团捡起，准备扔到垃圾桶里。这时，其中一个面试官对他微微一笑说："年轻人，请打开纸团看一看。"小伙子打开手中的纸团，上面写着一行字"欢迎你加入我们公司任职"。

这位年轻人之所以被当场录用，就在于他捡起纸团这一细微动作，体现了比别的面试者更用心的做事态度，因此也赢得了面试官的青睐。迪士尼乐园有一句名言："每一天上班都是一场表演。"这句话的言外之意是：当你做事的时候要非常用心，因为有人在看你。

有些人总是抱怨没有施展才能的机会，其实你并不是真的没有机会，而是别人在看你的时候，你表现得很糟糕。如果抱着类似"无所谓，反正老板不在"的念头，你就错了。做任何事情，都要假设有人在看你，监督自己，谨言慎行，这样遇到机会才不会错过。

如果你是一个邮递员，每天送信都有很多人在看你；如果你是银行职员，每天柜台前都有很多人在看你；如果你是一个护士，每天医院里都有很多人在看你；如果你是一个交通警察，每天路面上都有很多人在看你……不管你做什么工作，只要有一个人发现你或者提拔你，你的命运就完全不一样了。从这个角度来说，只有用心做事，才能改变自己不满的现状甚至是命运。

严长寿是在台湾长大的浙江杭州人，被称为"台湾饭店业教父"。他并没有任何家族背景，只有中学学历，曾经是美国运通台湾公司送公文的小职员，后升任台湾地区的总经理，最后在 32 岁时，就成为亚都饭店的总裁。

严长寿能够在那么年轻的时候就获得成功，就是因为他做事非常积极，也就是说，他每做一件事都用心地把它做好，做每一件事都假设有人在看他。这样，他做事会更用心。

认真做事，才能把事做对；用心做事，才能把事做好。一个用心做事的人才是有潜力的人，他会全身心地投入到工作之中，全力以赴地对待自己的工作。也只有这样，才能做好一个领导者，带出优秀的下属，齐心协力地把工作做好。

希望我们都能把"用心做事"当成品质一样来培养，当作品牌一样来呵护，当成习惯一样来坚持。

管理是一种让员工自愿跟从的能力

有些领导者滥用权力压制员工，漠视员工甚至越权指挥等，结果不但自己很累，更严重的是，员工流失率不断上升，甚至用心培养起来的员工也毫不犹豫地离开。结果致使员工得不到成长，自己得不到提升，团队拿不出业绩。

其实，管理不是独裁，从事管理工作应尊重人权，重视个体，友善地询问和关切地聆听员工的想法。伊索寓言中有一个小故事，意在讽刺一部分盛气凌人的领导者，依靠权力打压员工的工作热情。

一只山羊爬上一农户的高屋顶，这时有一只狼从下面经过，山羊以为自己居高位，野狼莫奈他何，便扬扬得意地开口骂道："你这个傻瓜，笨狼。"狼于是停了下来，说："你这胆小鬼，骂我的并非是你，而是你现在所站的位置。"

一个优秀的领导者应具备三种力：权力、实力与影响力，但此三力孰轻孰重？很多领导者会自然而然地将权力摆在最重要的位置上，以为管理就是管人，而管人就需要运用权力，至于实力和影响力，则并不是最重要的。事实上，权力在管理下属方面并不是万能的。

真正有智慧的领导者懂得运用自身的人格魅力来领导下属。他们极少生硬地动用权力去"镇压"或"指挥"下属，而是通过自身的言行态度，创造出一个和谐的氛围，让下属在这个氛围中感受到被尊重，因而更愿意为其卖命。

生活中的每一个人，心理上更倾向于跟从佩服其人格魅力或深受感动的领导，并对其价值认可和重视，这时，如果领导者通过其自身的影响力，让员工从内心自愿产生忠心跟从的心理，更能激发他们潜在的才能和工作热情。

因此，作为一名领导，你必须懂得如何加强人的信心，切不可动不动就打击下属的积极性。应极力避免用"你不行、你不会、你不知道、也许"这些字眼，而要经常对你的下属说"你行、你一定会、你一定要、你会、你知道"。

领导者在管理中要学会运用个人影响力，真心地尊重和关爱下属，以人为本，推行严格中不失人情味的管理方式，使下属随时感受到公司传递的温暖，从而丢掉包袱，激发工作的最大积极性。

若想让别人为你效劳，只需对他付出关怀，让他感激你就是了。很多领导者为了管理下属，想尽了各种办法，却忘记了这个最简单实用的道理。

不懂不是错，不懂装懂才是错

《论语》中说："知之为知之，不知为不知，是知也。"这句话意在强调做学问时，应当具备诚实的态度，知道的就是知道，对不知道的东西，我们不仅应当老实地承认"不知道"，而且要敢于说"不知道"。对企业领导者来说，也是一样的道理。

无论你是一名位居高职的领导还是普普通通的员工，遇到困难，解决不了不是你的错，只要你有一种积极学习的心态，你将很快成长起来。但如果你不懂装懂，才会真正让人瞧不起。华为公司在招聘员工时尤其注重其学习能力。

华为公司每当在招聘结束后，任正非在新员工进企业第一天的大会上，就会告诉大家，文凭只代表你的过去，进了企业后，文凭就失效了，大家都站在同一条起跑线上，关键是看你今后的学习能力、成长能力。

在这个科技高速发展的社会上，尤其是现代企业管理，企业老板越来越看重员工的学习能力、成长能力。甚至有知名企业老总在谈及用人时这样说："学历不重要，学习的能力才重要。"

无论你知识如何丰富，学识怎么渊博，在工作中也不可避免地会出现某一方面的短板。我们常说第一次失败是悲剧，第二次失败就是笑话了。失败不要紧，做错事也不要紧，关键是你要能从失败和错误中吸取教训，取得进步，那就是一个聪明人。

这就要求你要有很好的学习能力，才能够获得各种你需要的能力，取得进步。不懂不要紧，只要你肯于学习，善于学习，你就能由不懂到懂。不懂不是错，不懂装懂就是错；不懂不表示你愚蠢，不懂还自以为是，不肯学习，那就是愚蠢。

可是在实际工作中，有些领导遇到问题，因为顾忌自己的面子，就是喜欢不懂装懂瞎指挥，结果不仅产生不良的后果，还闹出笑话。这样一来，在员工面前不仅没有挽回威严，反而失去了威信。

不懂装懂，是一种心虚的表现，是一种基于自卑心理的盲目自尊。"一桶不满，半桶晃荡。"作为一名领导者，要敢于承认自己的不懂，有时虚心地向同事与下属学习，这不仅不会被员工看不起，反而会因为你的诚实赢得大家的信任，同时也体现了你虚怀若谷。

不言之教：以身作则方能赢得拥戴

《道德经》有这样一句话："圣人处无为之事，行不言之教。"意思是说，圣人做事，不以语言说教，而是身体力行，他们的这种无为行为还会在潜移默化中感染周围其他的人。在管理工作中，领导者不能总以自己的观点处事，而是要用以身作则的行为来赢得下属的信任和拥戴。

在企业中，领导者最大的职责自然是要管人，但从人的内心分析，人们永远喜欢管人，而不喜欢被管，这是每一个人的本性。但是，当人们从心底佩服某个人时，自然不会抵触这个人对他的管理，而会主动服从。

因此，有些领导总是习惯于向外寻找方式，制定种种的制度和规则，以此来达到约束人的目的。而聪明的领导者却能够从自身寻找办法，正人先正己，"行不言之教"，让员工心甘情愿地服从。

1942年，二战进行得如火如荼。盟军与德军即将在北非展开决战。盟军将领巴顿将军意识到自己的部队可能无法适应北非酷热的天气，一旦开战，盟军士兵的战斗力很可能因酷热的天气而减弱。

为了让部队尽早适应战场变化，巴顿建立了一个类似北非沙漠环境的训练基地，让士兵们在 48 摄氏度的环境下每天跑一英里，而且只给他们配备一壶水。巴顿的训练演说词就是："战争就是杀人，你们必须杀死敌人，否则他们就会杀死你们！如果你们在平时流出一品脱（容积单位，大约合 500 毫升）的汗水，那么战时你们就会少流一加仑（容积单位）的鲜血。"

虽然人人都意识到战争的残酷性，但严格的训练还是让许多士兵暗地里抱怨不已。巴顿从不为训练解释，他以身作则，和士兵们一样在酷热的环境中坚持训练。当士兵们看到巴顿每次都毫不犹豫地钻进闷罐头一样的坦克车中时，再多的怨言也只能变成服从。

巴顿作为美军历史上最善战的装甲部队指挥官，如此能打仗的原因就在于：巴顿作为统帅人物，他用自己的个性成功地影响了整个部队。尽管部属们有时恨他，但仍然能够仿效他的言行，像他那样思索和战斗。

如果一个企业想要发展、壮大，乃至腾飞，企业的领导者也必须学会在管理工作中向内看，从自己做起。不能只依赖权力来指挥下属，不言之教才是指挥的高级阶段。

要管理好下属，一部分靠权，以权管理，名正言顺，这属于"硬件"，而另一部分就得靠己，这属于"软件"。一个领导者只有正人之前先修己，才能上行下效，使大家心甘情愿地听其指挥。领导者要以身作则，做出表率，才能最大限度地取信于员工。只有营造人人平等、公平至上的氛围，才能形成由上至下凝聚一心的无敌战斗力。

解决问题，最简单的方法就是"带头往下跳"

领导者要充分发挥个人魅力的领导细节，激发团队的斗志，最简单的方法就是"带头往下跳"，自己不率先显现出一种气魄，又怎能去感染人？只有以身作则，显现出与常人不同的气质，用个人的魅力去感染人，达到一种"无声胜有声"的理解和交流，这比任何命令都来得有效！

单靠权力来带人，只会喊口号的领导者是最下等的领导，如果没有一点儿带头往前冲的魄力，很难得到员工真心的追随。最高明的领导则是身先士卒，通过自身散发出达到愿望与目标的热情。史瓦兹·柯夫将军说："下令要部下上战场算不得英雄，身先士卒上战场才是英雄好汉。"

在战场上，最能鼓舞士气的莫过于将领身先士卒，带头冲锋陷阵。而在管理中，也是同样的道理。最有效的下达指令一定是"带头往下跳"的行为影响力，也就是真正领导的魅力。

在遇到问题时，要想尽快解决困难，最简单有效的方法就是，领导要"带头往下跳"。身先士卒比站着指挥更有效，"带头往下跳"是一种行为影响力，更是能说服和影响下属的执行力和行动力。

管理工作中，领导与下属之间，就是发出指令和执行的关系。好的领导者一定会对下属产生一种吸引力，下属会自觉地跟着你奋斗，这是领导者以身作则的力量，产生了影响员工行为的魅力，从而发出一种无声的命令。

成功的领导不做领袖做榜样

一个领导者只要端正了自身，做到以理服人而不是以权来压人，管理工作就容易多了。《论语》中说："苟正其身矣，于从政乎何有？不能正其身，如正人何！"孔子认为领导者必须自身修正，如果自身不修正，只靠领导的权威，下属也是很难服从的。

但在实际工作中，很多领导者为了达到管人的目的，总是费尽心机制定出若干规章制度，要求员工去遵守，却把自己排除在这些制度之外。如果领导者能够率先示范，能以身作则地努力工作，严格遵守自己制定的各种规章制度，那么这种以身作则的精神就会感染其下属，从而在团队里形成一种积极向上的态度和良好的工作氛围。

领导的行为对下属产生着巨大的激励作用，正如俗话所说的，"强将手下无弱兵"。领导的表率作用永远是激励员工最有效的方法。

电视剧《亮剑》深受广大观众的欢迎。剧中主人公李云龙每次冲锋陷阵都在最前面，指战员们很担心他的安危而责怪他。李云龙却说："如果我不带头冲锋在前，那么战士们怎么会毫不犹豫地奋勇作战呢？"李云龙正是以这种以身作则的激情去影响着每一个战士。

领导者能身先士卒，以积极正确的示范做导向，就可以调动员工的积极性，激发他们努力向上的干劲；相反，如果领导者持一种消极、观望的态度，自己不率先示范，只是督促员工的工作，势必削减员工的工作热情，使员工对领导的行为产生抵触情绪，进而对企业的发展前途失去信心。

很多领导者对下属的工作状态不满，每日为下属的状态发愁。与其天天为员工消极状态而愁眉不展，倒不如自己拿出激情，身先士卒一心一意地工作。只要自己尽全力专注地工作，带头遵守相应的规章制度，做好团队的榜样，那么，领导者必能感动下属，将工作的热情传递给下属，使他们积极地工作。

非权力影响力激发最佳管理效能

影响力是一个人在与他人交往的过程中，影响与改变他人心理与行为的能力，权力性影响力和非权力性影响力共同构成领导者的影响力。领导者合理地运用非权力性影响力，可以进一步提高管理效能。

子曰："以约失之者鲜矣。"孔子认为只有严于律己，才能少犯错误。同样，作为领导者无论是在工作还是生活中都要时刻约束自己，谨言慎行，不放纵，不浮泛，这样做就可以少犯错误甚至不犯错误了。

国外某企业家认为，如果想知道一家企业的员工整体素质如何，只需要了解其中的管理人员素质即可。这话的确在理，每个领导者都是所有下属关注的焦点，也是员工积极模仿的对象，领导者产生什么样的行为、举动，都会直接影响到自己的员工。所以，假如你想你的员工严格要求自己，你就必须先严格要求你自己。

那么领导者在工作和生活中如何才能提高自己的非权力性影响力，来实施有效管理呢？

1. 努力培养高尚的人格情操

"人以品为重，官以德立身。"领导者的非权力性影响力既体现于真理的力量，也体现于人格的力量。一个人素质能力上有差距可以提高，但品质差距却是难以原谅的。人格品行不是建立在职位、权力基础之上的，而是在高尚的境界中产生的。领导者为人是否正直，为官是否正派，处事是否公道，是思想政治品德和能力的外在表现，也是塑造自我形象、树立非权力性影响力的关键。

2. 具备宽阔的处世胸怀

宽阔的胸怀是产生向心力、凝聚力、感召力的人格力量，是领导者必备的素质。作为一个领导者，为人处世要具备坦诚相见的胸怀。对管理团队成员要胸怀坦荡，以诚待人，不怀疑、不嫉妒、不欺骗；对下级不虚伪、不偏私、不欺骗，做到言而有信、言行一致。在重大问题决策上，要充分发扬民主，集中集体智慧，不搞独断专行。

3. 树立严格的自律意识

一个领导者威信的高低，并不仅仅取决于权力的大小，更多地要取决于他在权力运用中表现出的品格。领导者一定要严于律己，做好表率。

严于律己是律人的前提，只有做到自我管理才能要求下属去执行。优秀领导者应该严格要求自己，起到为人表率的作用，用实际行动来影响和带动身边的人一道去努力工作。

绝不可严于律人，宽以待己

有些领导者习惯以权威约束员工的行为，而自己却游离于这些约定之外，当然在员工心中很难树立威信，更谈不上做好对员工的有效管理。其主要根源，就在于领导者严于律人，宽以待己，缺乏榜样意识。

要成为一个好的领导者，首先要管好自己，为员工们树立一个良好的榜样。言教再多也不如身教有效。行为有时比语言更重要，领导的力量很多往往不是由语言，而是由行为动作体现出来的，聪明的领导者尤其如此。格力电器总经理董明珠就是个严格要求自己的人。

董明珠上任前，格力公司迟到早退、喝茶看报、吃零食聊天等情况屡见不鲜。而董明珠一上任，就狠抓内勤，把一些老员工都训得直掉眼泪。经营部女性多，公司对她们的服装、头发和走路姿势都做了明确的要求，要求大家最好剪短发，留长发的上班要盘起来，更不准带着一大堆饰品来上班。董明珠始终认为，没有严格的制度，就无法产生强大的战斗力，果然，不久之后的经营部焕发出全新的工作作风。

一天，一个不是格力的经销商想托董明珠的哥哥从格力拿货，承诺如果事情办成，会给2%的提成，这是一个不小的数目，他哥哥答应了。董明珠接到哥的电话后犹豫了，对身为部长的她，帮哥哥这个忙很容易，只是一句话的问题，而且没有违背公司的制度。

但是董明珠转念一想：如果为亲人谋利益就会伤害到其他经销商的利益，公平性就会出现偏差，如果这股风气蔓延的话，格力这个品牌就会受到玷污。最后她拒绝了哥哥的请求。

董明珠的拒绝伤了哥哥的心，他不再和妹妹来往，但是董明珠认为这样做是值得的："我把哥哥拒之门外，虽然得罪了他，但我没有得罪经销商。"

正是董明珠进行了一系列毫不妥协的"斗争"，对格力电器进行了一场"刮骨疗毒"式的治疗，使格力摆脱了停滞不前的状态，管理逐渐走向了规范。以至于后来，格力成为空调行业的世界冠军。

作为一个有成效的领导者，必须成为员工的角色榜样。领导者要在每天的言行中切实按自己所提倡的那样做，在员工们面前树立一个有成效的、负责的形象，以实际的行动来引领团队的进步。

领导者不仅要严格要求自己，为员工树榜样，还要带头把一些优秀人士当作榜样，号召大家学习。切忌领导者只号召别人学，自己却不学，甚至借着"树榜样"往自己脸上贴金。这样既是对榜样的不尊重，也会使员工失去学习热情，树了榜样也起不到应有的作用。

身教胜过千言万语

领导者在管理工作中要注重身教。俗话说："喊破嗓子，不如做出个样子。"聪明的领导者会通过严于律己的行为，来为下属做楷模。这种先进效应胜过千言万语。IBM 的创始人托马斯·约翰·沃森曾对公司的管理层说："千言万语不如一个行动，管理最直接有效的方法，就是带着员工去做。"

1895 年 10 月的一天，托马斯来到美国现金出纳机公司办事，遇到了该公司的约翰·兰奇先生，他向约翰·兰奇先生表示："我……我希望能当一名推销员。"约翰先生爽快地答应了。

两个星期过去了，托马斯走街串巷，一台出纳机也没卖出去。他再一次来到约翰的办公室，希望能得到这位前辈的指导时，约翰竟然破口大骂："我早就看出你不是干推销的那块料。瞧你一副呆头呆脑的样子，还不赶快给我从办公室里滚出去！你呀，老老实实地回家种地去吧。"

托马斯听了这番话，真是无地自容。但他没有离开，只是默默地站在那里……过了一会儿，约翰放缓语气说："记住，推销不是一件轻松容易的事。如果零售商都愿意要出纳机，他们就会主动购买，用不着让推销员去费劲了。推销是一门学问，而且学问很深。这样吧，改天我和你走一趟。如果我们俩一台出纳机都不能卖出去，你和我都回家吧！"

过了几天，约翰带着托马斯上路了。托马斯非常珍惜这个宝贵的机会。他认真地观察这个老推销员的一举一动。在一个顾客那里，约翰·兰奇静静地说："买一台出纳机可以防止现金丢失，还能帮助老板有条理地保管记录，这不是很好吗？再有，这出纳机每收一笔款子，就会发出非常好听的铃声，让人心情非常愉快……"

托马斯睁大眼睛看着一笔生意就这样谈成了。后来，托马斯理解了约翰·兰奇那天之所以对他粗暴，是因为那是对推销员的一种训练方式——他先是将人的脸面彻底撕碎，然后告诉你应该怎样去做，以此来激发人的热忱和决心，调动人的全部潜能和智慧。

托马斯从约翰·兰奇那里学到了容忍的精神和积极处世的原则。1913年，他被人诬陷而离开公司。那一年他已经39岁，但他决定东山再起，公司成立后经营并不顺利，最初的几年，公司是靠着大量借贷才熬了过来。但他还是靠着坚忍的意志坚持了下来，并成就了真正具有全球地位的IBM公司。

IBM创始人托马斯·约翰·沃森告诉我们：领导者一定要用自己的态度和行动来作为新进员工的榜样，不能仅凭嘴说，并且经常强调有顾客才有大家的观念。做给新人看了之后，最好让员工自己对工作做主，演示一遍，让他自己进行改进，以获得一种成就感。其实在某些时刻身教胜过千言万语。

管理有成效，要做领跑的狮子

在一场比赛中，一群狮子轻松地打败了一群羊，羊群很不服气，认为是领导的问题，于是它们各自交换了首领，变成由一只狮子带领一群羊和一只羊带领一群狮子进行比赛。羊带的狮群开始准备与狮子带的羊群战斗，当羊王来到狮群时，所有的狮子都不服气，自然羊王也没有办法发号施令。而狮王带领羊群的情况就完全不同，羊群很尊敬狮子，也都听从狮子的安排，训练进行得很好。新的比赛开始了，羊王带领的狮群被狮子带领的训练有素的羊群打败了。

一只狮子领着一群羊，胜过一只羊领着一群狮子，这个寓言故事说明了领导者的重要性。一个企业的成败虽然离不开团队力量，但更多还是取决于领导者本人。领导者是企业的一面精神旗帜，他们的一言一行都影响着企业的荣辱兴衰。因此，我们每位领导者扮演的角色必须是一只狮子。

领导者若是一只狮子，即便他领导的是一群羊，他的团队速度也一定比别的羊群快很多。惠普创始人之一大卫·帕卡德在公司发展初期，就担当了一个狮子的角色，引导了公司的文化理念。

1949 年，37 岁的戴夫·帕卡德参加了一次美国商界领袖们的聚会。他在发言中说："对于一家公司而言，比为股东挣钱更崇高的责任是对员工负责。企业的管理层，尤其是企业的老板应该承认他们的尊严。"他认为，那些参与创造公司财富的人，也有权分享这些财富。年轻的帕卡德在如此高端的场合发表这种言论，很多人认为不合时宜，甚至一度引起商界前辈的嘲笑。

帕卡德后来回忆说："我当时既诧异又震惊，因为在场的人没有一个赞同我。显然，他们认为我是异类，而且没资格管理一家重要的企业。"尤其在那个老板总是坐在私人办公室里发号施令的年代，有人认为帕卡德的观点不可理喻，很多老板都说他简直疯了。

当时的惠普是企业新秀，在美国商业界引起瞩目。惠普的办公室文化更为引人注目。帕卡德在惠普充分体现了尊重员工的理念。他认为自己首先是一个惠普的人，其次才能是 CEO。于是，他和工程师们一起，在开放式的工作间里办公；与下属为友，与大家拧成一股绳子。在他的榜样作用下，惠普的管理层不仅为人谦恭，而且创造了一种奉献式的企业文化，这种文化日后成为强有力的竞争武器，使惠普公司的利润连续 40 年攀升。

有私心正常，做到不利用私心不寻常

心理学研究表明，趋利避害是人行为的最基本的出发点。因此，无论是在工作还是生活中，成功的趋利避害行为成为生存的原始本能。对于一名领导者来说，有私心并不可怕，关键是要运用理性的思维，做到不利用私心为自己谋取私利。祁黄羊就是中国历史上一个不寻常的人物。

作为企业领导者，应该向祁黄羊学习，千万不要因为某人和你不熟就不重用他，更不可由私人交情是否深厚来判断要不要重用一个人。一旦私心作祟，往往就会落人口实，影响自己的声誉和公信力。

对于私心，很多领导者还存在误解，认为只要不贪污、不受贿、不走后门，就可称得上没有私心。其实，私心往往存在于无形中，不易察觉，当领导者自以为公正的时候，自私的念头已悄然萌生。

领导者不能做不符合礼仪的事。一切行为都要符合原则，只有这样才能成为群众的榜样，才能在群众中建立起崇高的威信。作为领导者不要以自己的权力和地位来达到自己的个人追求，要用权为公，而不能以权谋私，搞权钱交易。

"心底无私天地宽"，这是领导者重要的品质表现。只有领导者具有巨大的影响力，我们的事业才会有顺利、成功的保障；而这影响力来源于正气、正义和正派的作风。为了树立自己负责、公正的形象，领导者必须保持高度警惕，在团队领导上多做周全考虑。

第四章

要把庸才变干将，你先要做个干将

以身作则，激起下属的工作热情

在竞争越来越激烈的今天，企业随时随地都会面临各种困难。不加紧脚步，就很难在困厄的环境中搏出一席之地。当面临困境时，如果领导者能够身先士卒，直面难关，其坚定沉着的精神就会传达给部下，使大家都能够勇敢地面对挑战。只有这样，领导才能确立自己的人格魅力，部下才会坚定地跟着前进。

领导以身作则，率先垂范，会唤起下属的尊敬感，也就是通常所说的"其身正，不令而行；其身不正，虽令不从"。对于一个组织来说，领导的行为往往对员工起着表率作用。日本著名企业家松下幸之助认为，要提高商业效益，管理者首先就要以身作则，起好带头作用。他让部下从刚一开始参加工作，就培养敬业的好习惯。

日本东芝电器公司士光敏夫持相同的观点，他说："领导以身作则的管理制度不仅能为企业带来巨大的经济效益，而且还是企业培养敬业精神的最佳途径。"东芝公司是当今世界上的大公司。但是，20多年前，东芝电器公司因经营方针出现重大失误负债累累，濒临倒闭。在这个生死关头，士光敏夫受命于危难之中，并力挽狂澜，把公司拉离死亡的边缘，扬帆远航。

士光敏夫就任东芝电器公司董事长所烧的第一把"火"是唤

起东芝公司全体员工的士气。他大力提倡毛遂自荐和实行公开招聘制，想方设法把每一个人的潜力都发挥出来。士光敏夫说："没有沉不了的船，也没有不会倒闭的企业，一切事在人为。"

士光敏夫还大力提倡敬业精神，号召全体员工为公司无私奉献。士光敏夫的办公室有一条横幅："每个瞬间，都要集中你的全部力量工作。"士光敏夫以此为座右铭，他每天第一个走进办公室，几十年如一日，从未请过假，从未迟到过，一直到80岁高龄的时候还与老伴一起住在一间简朴的小木屋中。

士光敏夫有一句名言："上级全力以赴地工作就是对下级的教育。职工3倍努力，领导就要10倍努力。"如今，日本东芝电器公司已经跻身于世界著名企业的行列，它与石川岛造船公司同被列入世界100家大企业之中。这与士光敏夫以身作则、身先士卒的管理制度是分不开的。现代企业中，有些领导者为了突破困境，要求下属同心协力渡过难关，但身居高职的领导者却依然浪费无度、公物私用。群众的眼睛是雪亮的。上级只要稍有欺瞒虚伪而被下面看穿，必然令下属产生不信任感，那么迟早会引起他们的反感而导致背叛。因此，身为领导者必须严于律己，以身作则，才能让下属信服。

下属的好心情，由你来决定

管理者需要时常保持良好的心情，因为你的心情会影响到下属的心情，你的态度也会影响到下属的态度。如果不能驾驭自己的感情，那么你肯定也无法让自己的下属在工作中保持良好的情绪。

有一位致力于研究领导学的学者，曾长期对90位主管进行观察，结果发现这群优秀的领导者身上最明显的一个特征是他们有能力引起他人的注意。因此，一位善于激励下属的领导应该离开办公桌，走进下属的工作场所，起身视察，激发下属的工作热情，提高领导的魅力。

领导者的言行往往具有很大的感召力，在必要的时候，领导者如果能够敞开胸怀，潇洒奔放，相信下属也会因此受到感染，增添无穷的力量，增加对自己上司的信任，齐心协力、风雨同舟，共同迎接严峻的事业挑战。

作为一名成功的领导者，应该多花一些精力去关心一下下属的感情，并适时地用自己的好心情去感染下属。你可以从以下几点做起：

（1）走进公司的时候，不妨面带微笑与下属打声招呼。这会让人觉得你充满朝气、性格开朗。

（2）对于初来乍到的下属，应该主动地跟对方握手表示好感，让对方觉出你的热忱。

（3）与下属谈话时，要尽量直视对方，大家目光相接的一刻，很容易拉近彼此间的距离。

（4）日常工作中，多向下属提一些问题，以示你对他极感兴趣。除了工作之外，也可以涉及生活方面的问题。

（5）与下属做朋友，鼓励其谈他个人的奋斗历程和成功的故事，这会减少你们之间的距离感，这时他会视你为朋友，而不仅仅是上司。

（6）每一个人都有一些其他人所不具备的长处，你应该努力发现下属与别人不同的地方，衷心地赞美他，他也必定会以同样的态度对待你。

（7）平时多用心学习，尤其要多留意时事及人物新消息，使自己在与下属沟通时，能有更多的话题，这样一来，便会在下属的心目中树立一个博学的形象，令下属觉得跟你在一起眼界顿开，如沐春风。

有些领导者在工作期间总喜欢一本正经，面容严肃而认真。他们往往认为自己的身份是领导，领导就不能随随便便、嘻嘻哈哈。他们把与人沟通当成一项任务来看待，完成一项任务自然要规规矩矩地来做。但是工作也是一种生活，既然是生活，为什么不开朗活泼些呢？让大家放松一下，不仅不会影响工作，而且会使工作顺利地进行。

情绪是私有的，但需要自己来控制。作为一名领导者，只要你的意识在努力，快乐的情绪就不难得到。排遣忧愁，化解烦恼，努力去改变自己对事物的悲观看法，凡事多向好的方面去想，你就会发现自己的情绪在一天天改变，心情也会一天天变好。

站着命令，不如干着指挥

领导者在指挥下属工作的时候，"干着指挥"比"站着指挥"更能有效调动下属的积极性。"干着指挥"是一种无声的命令。这种命令甚至比有声的、文字的命令更有效，更有威力。这种威力，不是靠领导者手中的权力，不是强制力，而是靠领导者的非权力性影响力，是一种最高超的指挥。

在日常工作中，如果领导者能参加一些极平常的劳动，比如打扫卫生、装订文件、整理报纸等，或者一些突击性的活动。尽管从分工来说，这些活儿属于下属工作人员，但你绝对不要认为与自己无关。如果你能就势帮助下属做这些事情，下属会感到被重视。同时，你又会给下属一种亲切感，使他感到你平易近人的一面，更乐意追随你工作，甚至会在危难之际为你分忧解愁，出谋划策。

身为领导如果仅仅是"站着指挥"，慢慢与下属就会产生一种无形的距离，甚至一道鸿沟，指挥就会失去威力，甚至会完全失灵。即使目前仍在你的手下工作，也只是暂时性地混着日子，等待跳槽时机。

本来领导者与下属之间，就是组织、指挥和服从、照办的关系。如果你组织得好，指挥得当，你就是一个好的领导者，一个让下属乐意效力的人。你对下属就会产生一种吸引力，下属就会自觉地跟着你奋斗，无声的命令就是这么产生的。领导者所负的责任越大，"调摆"的任务也就越大，所以越是高级的领导者越爱采取"干着指挥"，也就越能激发下属的积极性。

以理服人，树立个人威望

领导者要在下属中树立权威，赢得人心，就要做到以理服人。俗话说："有理走遍天下，无理寸步难行。"道理没讲清，下属会认为你是无理取闹，下属把怨气憋在心里还好一点儿，万一和你当面争执起来，你这个上司可就没法当了。松下电器的创始人松下幸之助批评下属是很出名的，但他批评下属有一个特点，他会边批评边讲出自己的道理，让下属虽然挨了批评，却都心服口服。以理服人是松下赢得下属尊重和信任的重要原因。

有近重信刚进入松下电器后被分到电池厂，按规定生产技术人员必须到第一线实习，他就整天跟黑铅锰粉打交道，浑身黑乎乎的。一天，松下来电池厂巡视，有近重信见门外进来一个穿礼服的绅士，立即跑过去把他拦住，问道："请问你有公司开的参观证吗？"

松下说："没有。"

有近重信把双臂一伸，拦住了松下，并且毫不客气地说道："那就对不起，你不能进去。"

"我是……"

"你是天王老子都不许进！"不等松下说完，有近重信就打断了他要说的话。

有近重信接着又说:"我们老板松下先生有规定,没有公司的参观证,任何人都不得进来!"

松下没有生气,叫来了厂长后才进去。松下见了厂长井植薰说:"你们员工中有个很固执的家伙,大概是新来的吧,死活不让我进来,真是个很有特点的人。"

这件事给松下的印象很深,他认为有近重信是个可造之才,原则性很强。所以井植薰每次去汇报工作,松下都很关注有近重信的情况。

不久,电池厂盖成品仓库,由于松下的坚持,决定采用木结构。井植薰把设计任务交给有近重信,有近重信说:"我是学电子的。"井植薰说:"我是做操作工的,现在不是在做厂长吗?"

有近重信经过计算,需增加4根柱子才能达到安全系数,其他的就没有多做考虑。仓库落成那天,松下见中间竖有4根柱子,大为不满,先把井植薰批评了一通,然后又把有近重信叫了进去。被训斥了整整9个小时,从下午三四点,到深夜12点,连晚饭都没吃。

刚开始有近重信的心里不服,可到后来,有近重信终于明白了松下的意思,他不知道要立柱子才坚持用木结构的,而有近重信明知要立柱子却不敢坚持钢筋结构。井植薰自己不懂,才找有近重信来帮忙,而有近重信明知不好,却偏偏要这么设计,这才是让松下恼火的原因。

松下不仅对普通的下属,就是对公司的管理人员,也会让他们明白道理,从而让大家心服口服。由此可见,领导者在工作中一定要注意以理服人,尤其是在批评下属的时候一定要先摆事实讲道理,让下属真正知道自己错在什么地方。这样,才能赢得下属的敬重和追随。

赢得人心，仁义比金钱更有效

有些领导者认为，只有靠官职、钱财才能笼络下属。事实上这种观点是不全面的，有时，下属需要的是上级对自己的重视或关注。这时管理者对下属不必付出实质的东西，只需要付出肯定的态度就能让下属获得较大的满足。

对于管理者来说，赢得人心，仁义有时比金钱更直接有效。

美国凯德电视公司的总裁李维就是一位深得人心的领导者。他曾经私下对朋友说："人都是有感情的，只要用仁义之心去对待他，他也一定会用心回报你。"李维的新产品研制小组里有一个叫波克的专家，他脾气古怪、性情暴躁，动不动就和别人争吵，研制小组上上下下的人都被他吵遍了，就连李维也不例外。有一天，为了一个实验问题，波克同研制组的另一个研究员劳布争执不下，他大动肝火，又拍桌子又摔东西。李维过去劝阻也着实被骂了一顿。正在他们闹得不可开交时，波克的小女儿来到了实验室，她看见爸爸那副怒发冲冠的样子，吓得哭了起来。波克见状再也顾不上继续吵架，赶忙跑过去，赔着笑脸哄自己的小女儿。

看到这一幕动人的情景，李维立刻在公司附近为波克租了一幢房子，好让他经常和女儿生活在一起。因为李维发现波克虽然看谁都不顺眼，但对留在他身边的这个小女儿却是百依百顺，视为掌上明珠。不难看出，这小女儿就是他的精神依托。

当时处于创业初期，资金十分紧张，李维为波克租房，这使波克很过意不去，经过再三劝说波克才搬进新居。李维为波克租房，虽然花费了不少钱，可搬家这件事所产生的影响却远远不是这些钱所能买到的。

这让波克感觉到，李维在资金状况窘困的时刻，仍然把他的生活快乐看得比金钱更重要，因而对李维感恩不尽。波克的心情好了，与同事相处就很少发牛脾气，大家工作的氛围更加融洽愉快。更重要的是，这件事被公司的其他专家和员工知道后，都说李维讲义气，关怀部下，从而他们齐心协力，把公司办得更好。

从此，波克的工作激情更加高涨，因为在他需要帮助的时候，李维能够主动伸出仁义之手。所以，当李维最需要人才的时候，尽管条件艰苦，波克还是主动跑来为他效力。因此，领导者如果能在管理中对员工施以仁义，例如给地位卑贱者尊重，给贫穷者财物，给落难者援助，给求职者机会，等等，这些都是笼络人心的最好方式。

勇于承担责任，不揽功，不诿过

孔子曾为我们描绘了一个生动的战场细节：古时候有个叫孟之反的人，在战场上打了败仗，他让前方败下来的人先撤退，自己一人断后。快要进到自己城门时，才赶紧用鞭子抽在马屁股上，赶到队伍前面去，然后告诉大家说："不是我胆子大，敢在你们背后挡住敌人，实在是这匹马跑不动，真是要命啊！"

著名学者南怀瑾先生认为，孟之反善于立身自处，怕引起同事之间的摩擦，不但不自己表功，还自谦以免除同事之间的忌妒，以免损及国家。一个优秀的领导者应当像孟之反一样，时刻体察自己的下属，不揽功、不诿过，这样才能赢得下属的追随。秦穆公就是一个主动为下属揽过的典范。

公元前 628 年冬，秦国驻郑国的大夫杞子突然派人回国，秘密向秦穆公报告说："郑国人信任我，把都城北门的钥匙交给我保管，这是我国用兵的大好机会。如果您派一支军队来突袭郑国，我们里应外合，一定可以占领郑国，借此扩大疆土，建功立业。"秦穆公听了喜出望外，对领土的贪婪一时间充斥着他的头脑，争霸中原的野

心使他再也按捺不住。于是秦穆公立即决定调动大军，袭击郑国。

　　然而作战经验丰富的老臣蹇叔坚决反对出师郑国。秦郑两国路途遥远，调动大军长途跋涉，必然精疲力竭，元气大伤。再说，如此大的行动，浩浩荡荡的军队千里行进，郑国怎么会不知道呢？一旦兵败，不仅国内人民心中不满，其他诸侯国也会小看秦国。因此，蹇叔力劝秦穆公不要发兵。

　　求功心切的秦穆公对蹇叔的话不以为然，坚持派孟明视、西乞术、白乙丙三人攻打郑国。事实果然被蹇叔言中。次年2月，对秦攻郑之举，晋襄公及其谋臣先轸认为这是对晋国霸主地位的挑战。为维护晋之霸业，晋襄公决定待秦军疲惫会师之时在崤山伏击，并遣使联络附近的姜戎配合晋军作战。

　　4月初，晋襄公整顿人马亲自出征，在崤山一带大败秦军，俘获孟明视、西乞术、白乙丙三人。幸好秦穆公之女文嬴巧施计策，劝晋襄公放回了孟明视三人，秦国才免于三员将帅之损。

　　秦军大败的消息传到秦国，秦穆公立即认识到自己贪心过重，急于求成，不但劳顿三军，更险些折损三将。

　　此时，秦穆公勇于承担责任，揽过于己。他身穿素服，来到郊外迎接三人，见面时放声大哭："我不听蹇叔的话，使三位受到如此侮辱，这都是我的罪过啊。"孟明视等人叩头请罪，秦穆公说："这是我决策失误，你们何罪之有？我又怎能用一次过失掩盖你们平时的功绩呢？"之后他对群臣又说："都是我贪心过重，才使你们遭受此祸啊！"秦穆公承担下全部责任，感动了群臣，三帅更是力图回报，欲雪国耻，从此整顿军队，严明纪律，加紧训练，为再次出征做准备。

　　秦穆公爱护下属，勇于揽过，不找替罪羊开脱自己，这对调动部下积极性，团结上下极为重要。试想，若秦穆公杀了孟明视三人，其结果必然是朝野震动，从此没有请命之将，那么何谈雪耻？秦国的历史或许就会改写。不透过于下属，是领导者赢得人心的法宝。

要勇于向下属说声"对不起"

一个人在前进的途中，难免会出现这样或那样的过错。对一个欲求达到既定目标、走向成功的人来说，正确对待自己过错的态度应当是：过而不文、闻过则喜、知过能改。

作为领导如果能勇于认错，不但能给下属留下好印象，而且还能及时挽回因过错而造成的损失。勇于承认错误，不仅没有失去领导的面子，而且还会使领导在下属心目中的威信大增。

小张是一家建筑装饰公司的负责人，她带领着一个工作小组，除了她自己以外，还包括三名成员。这个小组负责企划、时间安排，并协调安装壁饰和窗帘，同时也为单位客户进行大型室内装修设计和环境美化工作。

小张的作业小组通常在客户的新写字楼竣工后，就进驻工地并完成内部的装修工作。但是该作业小组很少能够顺利完成到手的工程，他们总是会碰到一些麻烦不小的插曲，害得他们总是需要花费更多工夫去加班。三名组员彼此之间相处得非常融洽，但一碰到重大工程要赶工的时候，就会为谁应该做什么事发生争执。他们一致认为是小张的管理能力不到位。

其实小张自己也意识到，这都是她协调工作没做好，分工不明确造成的。但她却碍于面子，不愿承认是自己的责任，总是责怪下属，结果小组成员抱怨连天，工作进度更慢。

如小张一样，有些领导总感到自己在下属面前承认错误有失面子，不成体统。有时明明知道自己错了，却难以开口，任错误继续下去，这才是懦夫的表现。真正的勇士生死都可置之度外，区区一点儿小错便拿不起、放不下，如何统率三军，叱咤商场？

小张如果能找出她对问题处理不当的原因，并着手改正她的错误，就能赢得下属的尊重及合作。过于关心面子问题，一厢情愿地以为问题不会再发生，或是向懒惰低头，都是对小张极为不利的因素。

有时候，下属提出的意见可能过于片面，作为领导一定要耐得住性子，沉得住气，听完下属的意见，然后以全面、确凿的事例来向他解释，使其心服口服。千万不要听了下属言论带有片面性时，便脸露不悦，顾左右而言他，一副十分不耐烦的样子。下属也并非不通情达理，听了领导解释，也能体谅你的苦心，意见虽不能被采纳，但却感其诚、会其意而心中释然。

"人非圣贤，孰能无过"，有错并不可怕，关键是勇于承认错误，知错必改，任何人和事物都是在不断的改进中得以逐步完善的。如果认识到错误却不去改正，就是没有大丈夫气概，大丈夫是能屈能伸的。

把幽默当礼物送给下属

林语堂先生曾经说过："幽默对一个民族来说，是生活中非常必要的条件。"他认为，德国的威廉皇帝就是因为缺乏幽默的能力，才丧失了一个帝国。在公共场所中，威廉二世总是高翘着胡子，好像永远在跟谁生气似的，令人感到可怕。有些伟大的领袖或者政治家，如富兰克林、林肯、罗斯福、丘吉尔等就非常具有幽默感，并且普遍受人爱戴。

幽默与领导者的个人魅力是密切相关的。幽默就像一块磁铁使幽默创造者把人吸引过来，其他人自然而然地被有效运用幽默的人所吸引。我们喜欢在那些使我们感觉良好的人的身边，而幽默是让人感觉良好的强有力的手段之一。

美国的一些企业就曾经做过实验，证明幽默确实能够改善生产力，提升士气，并有助于团队合作。某些企业甚至让员工接受幽默训练，想尽办法增加员工的幽默感。在科罗拉多州的迪吉多公司，参加过幽默训练的20位中级主管，在9个月内使其部门的生产量增加了15%，病假次数减少了一半。

幽默对魅力来说很重要，因为它是一个在你和你要施加影响的对象之间建立关系的手段。一个领导者，很可能因为富于幽默感而变成一个受欢迎的人，使别人乐于和你接触，乐于与你共事。因此，你不妨把幽默当成礼物，到处送人，相信不会遭到拒绝。那么运用幽默有哪些方法和技巧呢？

1. 自嘲法

自信是人的一种生存要素，而幽默本身就体现出一种不为命运所羁绊的自信，这种自信最突出的表现就是自嘲。在有些场合，当你置身于难堪境地时，如果过分掩饰自己的失态，反而会弄巧成拙，使自己越发尴尬。而以漫不经心、自我解嘲的口吻说几句取悦于人的话，反而可以活跃气氛，摆脱困境，消除难堪。

2. 歪解法

歪解就是以一种轻松调侃的态度，随心所欲地对一个问题进行自由自在的解释，硬将两个毫不沾边的东西捏在一起，从而产生幽默的效果。歪解幽默术常用于自嘲。

在一次宴会上，有人问鲁迅：“先生，你的鼻子为什么塌？”鲁迅笑着回答说：“碰壁碰的。”这个回答，既有对社会现实的不满，又有对自己生活坎坷经历的嘲讽，与这样一个具有丑的因素的自然生理特征结合在一起，便产生了幽默感。

3. 夸张法

夸张渲染幽默术特别需要一种调侃、达观的态度，充满讨厌情绪的夸张不是幽默。里根通过对美元贬值的夸张，就成功激起了选民们对物价上涨的强烈不满和对当政者的不满，迎合了选民的心理，从而赢得了选票。

里根在竞选美国总统演讲时说："妇人们，你们都知道，最近，当你们站在超级市场卖芦笋的柜台前，你们就会感到，吃钞票比吃芦笋还便宜一些。你们还记得当初你们曾经认为没有什么东西可以代替美元吗？而今天美元却真的几乎代替不了什么东西了！"

4. 拟人法

拟人幽默术，是创作童话、动画和寓言的常用手法。我们所说的拟人幽默法，就是从童话王国、动画世界里寻找幽默感。生活中有些东西是没有情感的，缺乏动机、目的和手段。而拟人法则是赋予这些东西强烈的感情色彩和某种动机，把某些无意识的结果变成有意识的自觉行为，幽默往往由此而产生。

第五章

知人善任，慎重选择授权的对象

请合适的人上车，不合适的人下车

"如果你有智慧，请你拿出来；如果你缺少智慧，请你流汗；如果你既缺少智慧，又不愿意流汗，请你离开！"这是蒙牛集团始终坚持的一种用人观，也是任何一个企业都在追求的一种用人观。毕竟任何一家企业，需要的员工都是要能创造效益的有价值的员工。

企业要发展，就必须提高自身的竞争能力，而团队职业化的高低直接影响竞争能力的强弱，团队的整体职业素质是制约团队发展、团队业绩提升的瓶颈。要想突破这个瓶颈，就要确保每一个员工的素质都要达到一定的水平。这就要求企业从一开始就要做好员工的选拔工作。

有一群虫子在草地上开联谊会，它们一边兴奋地聊着天，一边开心地吃着可口美味的食物。不多久，就把准备好的汽水喝了个精光。

聊了很久，大家口渴难耐，于是就商量要派一个代表跑腿帮大家买汽水，而卖汽水的地方离这里有很长的一段路程，小虫子们认为要解决口干舌燥的急事，就一定要找到一位跑得特别快的代表，才能胜任这样的任务。

大伙你一言我一语，终于一致推选蜈蚣为代表，因为它们认为蜈蚣的脚特别多，跑起路来，一定像旋风那么快。

蜈蚣在所有小虫子们的期待下，起身出发为大家买汽水，小虫子们则放心地继续嬉闹欢笑，一时忘记了口渴。

过了好久，大家东张西望，焦急地想蜈蚣怎么还没回来。情急之下，螳螂跑去了解究竟发生了什么事。它一推开门，才发现蜈蚣还蹲在门口辛苦地穿鞋呢！

有的领导者往往会根据外表来判断一个人的能力或人格。然而，实际上看走眼的概率是相当高的。毕竟，一个人的能力或人品实在无法单凭外表来评判。此外，人们也常常产生先入为主的偏见，以为只要腿长或脚多，就一定跑得快。然而像故事中的蜈蚣一样，虽然脚多，却不见得跑得快。所以，客观地评估一个人的优缺点对于选择人才是很有必要的。尤其对人事主管而言，在招聘或任用时，更应站在不偏不倚的角度，去除个人的偏见，甚至发展或建立一套客观的评估标准来选择合适的人才，才不会造成人力资源的虚耗。

在选拔人才时只将合适的人请上车还不够，还要定期将不适合企业的人请下车。老鹰是所有鸟类中最强壮的种群，根据动物学家所做的研究，这可能与老鹰的喂食习惯有关。老鹰一次孵出四五只小鹰，由于它们的巢穴很高，所以猎捕回来的食物一次只能喂食一只小鹰，而老鹰的喂食方式并不是依平等的原则，而是哪一只小鹰抢得凶就给谁吃。在此情况下，瘦弱的小鹰吃不到食物都死了，最凶狠的存活下来，代代相传，老鹰一族越来越强壮。

这个故事告诉我们：适者生存，公平不能成为组织中的公认原则，组织如果没有适当的淘汰制度，常会因为一些小仁小义而耽误了进化，在竞争的环境中将会遭到自然淘汰。

一般而言，企业里往往有四种人：

第一种是为国家创造财富、为企业增加积累的人；

第二种是不思进取但求无过的人；

第三种是赚钱买花戴的人；

第四种是职位低、权力大的人。

对于第一种人，领导者应该积极鼓励；对于第二种人，领导者要稳定对待；对于第三、第四种人，领导者则有必要进行教育。

然而，如果教育之后，他们仍旧是停滞不前，不思进取，那就应该采取果断措施——辞退。企业里的人才要有进有出，绝不能像死水一潭，要让员工有危机感，坚信人无压力，便无动力。

知人善任的能力不可少

人才是企业永恒的资本和决定因素，优秀的领导者要具有一双慧眼，善识人才，善用人才。识人准确，用人恰当，辨其贤愚，端其良莠，让藏龙腾飞，卧虎猛跃，在激烈的企业竞争中，只有知人善任才能战无不胜。

"知人"是"善任"的前提条件，用好人才，必须首先做到知人。所谓知人，不仅应知人才的长处和短处，而且要知人才的过去和现在，更要知人才的将来。例如，有的人雄才大略，既有战略眼光，又有组织才能，可以放在决策部门担任领导工作；有的人思想活跃，知识面广，综合能力强，既有真知灼见，又能秉公直言，可以担任智囊参谋部的工作；有的人铁面无私，耿直公正，执法如山，联系群众，可以从事监察工作；有的人社交能力强，适合采购、推销部门；有的人语言表达能力强，适宜放在宣传教育部门。

所谓善任，就是选拔人才加以任用时，领导者要善于发挥人才的长处，克服其短处。善于调动人才的积极性，从各方面为人才才能的充分发挥创造条件。企业用人最忌讳勉为其难。人有共性，也有个性，每个人既有与其他人相同的地方，也有其独特的地方。如果领导者能用人所长，那么他就能大显身手，而如果领导者用人所短，勉为其难，那实在是不明智之举。

美国前总统罗斯福就是一个知人善任的总统，他于1933年上台以后，就雷厉风行地推行大规模的改良政策——新政，缓解了美国的经济危机，使美国经济走出困境。

在实施新政过程中，罗斯福针对当时美国严峻的形势，并不以政见取人，只要是有助于恢复经济，无论是持有新思想、新主张的还是具有正统思想的，他都一概将他们吸收到内阁里，从而大大提高了政府的综合决策能力。

罗斯福组织内阁，对内阁成员的任命虽然不拘一格，可是他任命的内阁成员在工作中都发挥了不可估量的作用。最有影响力的一个是预算局长道格拉斯，他协助罗斯福实行节约政策，做出了非常出色的成绩，以致罗斯福在就职一个月后就称他为"政府发现的用途很广的最大宝物"。因为道格拉斯把钱袋的绳子抓得很紧，很快他就获得了"决一死战的预算平衡家"这一美名。值得一提的是，罗斯福的用人智慧完全是建立在知人的基础上的。

然而现代企业中存在一种误区，一些领导为了显示自己对人才的重视，一开始就授予这些人很大的权力，并给予很高的福利待遇。尽管这些领导者顺利地留下了人才，但是其带来的消极作用也非常明显：首先，很多人来到企业并不是真的做事，而是看中企业在招聘时开出的职位或待遇，缺乏对企业的认同感；其次，享受这些优待的人才会产生一种莫名的优越感，从而会形成一种不正常的心态，不利于形成踏实的工作作风；再次，其他下属并不一定买他的账，从而不利于人才权威的树立和企业共同理念的形成；最后，由于缺乏经验或者对企业实际的了解，这些人才难免会出现工作上的失误，通常这些工作失误对他们来说是毁灭性的，因为这会使得企业对他们的期望值下降。

因此，企业领导者若想发挥人才真正的潜能，就必须向罗斯福学习，做到知人善任。一个领导者是否做到知人善任，可以从以下几个方面进行判断：

（1）任用此人是否符合人尽其才的原则，其担子是轻了还是重了？

（2）任用此人是发挥了其长处还是限制了其长处？

（3）任用此人是否符合人才群体结构和理论的要求？

（4）任用此人对面前的工作困难，有没有力量克服？困难来自何方？

（5）此人能否在工作岗位上有所建树？发展趋势如何？

通过对以上问题的反思，领导者可以自我检验知人善任的程度，或者可以发现自己过去用人不当之处。

领导者只有充分做好人才的知人善任工作，才能发挥人才的潜能，为企业发展贡献一分力量。否则，就会阻碍企业的发展。

掌握方与圆的用人智慧

在企业中，领导要掌握方与圆的智慧。"方"指用人的原则性，包括用人的规范和范围，是用人的内在要求。"圆"指用人的灵活性，包括用人的技艺和策略，是用人的艺术形式。方与圆的智慧其实就是方与圆的辩证统一，也就是原则性与灵活性的有机结合。过于求"方"，可能有迂腐之嫌，会导致下级和员工敬而远之；过于求"圆"，则会有圆滑之嫌。出现这样的结果，都是管理者没有掌握方与圆智慧的缘故，没有通过运用方与圆的智慧发挥人才的最大效益，是领导不称职的表现。

如果你想成为一名称职的领导，就必须做到方与圆的辩证统一。那究竟如何做到方与圆的统一呢？就是在管理过程中要方中有圆，圆中有方，方圆相济，方圆适应。具体地说，有以下几个方面：

1. 开局需先圆后方

开局即领导刚刚走马上任之时。俗话说："新官上任三把火。"作为领导，就一定要把这"三把火"烧出艺术感来，不能烧得太急。因为这时即使自己有不少的抱负，由于对新环境不熟悉，要经过一段时间的摸索才能逐渐进入角色，才能把自己的抱负付诸实施。三把火烧好了，有利于领导者以后顺利打开工作局面。开局用人艺术应该是先圆后方，首先着眼于人际沟通，与上级的沟通，与同级的沟通，与下属的沟通。着力于调查研究，增进相互了解，逐步在领导活动中扩大用人权的使用范围，由圆而方。

2. 进局需外圆内方

进局是指开局过后，新的领导者要改变或发展前任领导留下的局面，形成自己用人风格的领导过程。这时的用人艺术是：在继承和模仿中融入己见，在容忍中纠错。对于前任领导的用人弊端既要有宽宏的肚量，又不能为求稳定而因循守旧；对前任领导的成功用人之道，要继承和发扬，通过兴利除弊来形成自己的用人之道，这就叫作外圆内方。

3. 中局需人方我圆

中局是指进局过后，领导可以而且应该站在源头，以开拓和创新的用人气概做出自己贡献的时期。这个时期，领导者要讲究人方我圆的用人艺术。这种用人艺术的关键之处在于充分调动人的积极性，也就是我们常说的用干部出主意。主意出得好，用人用得好，就可以让别人按照自己的意图主动去开拓创新，领导只需适当介入，着重从旁观察、背后支持和当面制约，并不断地探索，不断地总结经验。

4. 定局需上圆下方

定局是指领导者形成自己相对稳定的领导格局的状态。在这种状态下总体上代谢减弱，以维护自己的领导格局与开拓兼顾为宜。这一时期，领导对上级的工作意图要彻底掌握，不能完全自行其是，应该把自己在用人方面的开拓与创新也纳入上级领导的范畴之中，做到原则性与灵活性相统一，这就是"上圆"。所谓下方，是指领导在这一时期用人必须坚持原则，排除各种制约因素，只要自己认准了的，就应当坚持到底，而不应畏缩不前。

5. 选才需腹圆背方

所谓腹圆，是指领导在行使用人权时应该有开放的心态和容才的海量，善于接纳各种类型的人才，知人善任，不要怕他们分权。所谓背方，是指领导用人时要坚持标准，严格要求，公道正派，切不可任人唯亲。

6. 立威需近圆远方

领导通过一系列手段建立自己的威信叫作立威。对领导而言，至少需要立两种"威"：一是在企业中的威信，二是在行业中的威信。前者可使领导有效地实现领导目的，后者能使领导及其单位在社会上树立良好形象，吸引各种人才的关注与兴趣。领导立威艺术在于近圆远方。

所谓近圆，是指领导在企业内部要充分尊重各类人才，善于听取他们的意见，尊重他们的意愿，多为他们排忧解难，多为他们办好事、办实事。所谓远方，是指领导在参与各种外界活动的过程中，要坚持站在本企业的立场上代表本企业的利益，这"方"是维护本单位以及本企业人才的合法权益，而不能通过损害他们的利益来换取别人的好感。

7. 激励需形圆神方

激励的目的在于调动人的积极因素，团结和谐，形成群体合力。所谓形圆，是指激励时要注意手段和方法，并加以灵活应用。所谓神方，是指激励必须坚持正确的原则，即针对不同需要，注重工作和人才本身，努力做到公正、公平。

8. 处事需方圆兼顾

企业是一个复杂的群体，人与人之间的各种争端和矛盾不可避免。领导在处理争端和矛盾时一定要做到方圆兼顾，既要通情达理，又要合情合理，不能失之偏颇。只有方圆兼顾，才能公正；只有公正，才能平衡，才能减少人才的内耗与矛盾。

9. 协调需小圆大方

沟通协调，是领导处理人才之间相互关系常用的方式，它的艺术在于小圆大方。所谓小圆大方，即在整体上和方向上坚持原则，在细节与局部上宽宏大量。领导要把握好原则与细节、整体与局部的关系：其一，求大同存小异，求大方而可小圆；其二，善于委曲求全，增加人才之间的相互依赖与信任。

10. 建立领导模式需表圆本方

"表圆"旨在保住新用人模式的认同基础，以免格格不入；"本方"旨在继承中发挥自己的优势，形成自己的独特风格，把人才对前任领导的认同慢慢转移到自己身上来。

来说是非者，便是是非人

任何团队或组织中都会有一些喜欢搬弄是非、挑拨离间的人，领导者要对这些人保持足够的警惕，不能耳根发软，听信他们的离间之语，而导致在用人方面做出错误的决策。离间术能扩大人与人之间的分歧，或加深误会，或编造谎言、制造矛盾、破坏他人团结。离间术的目的就是使人为己，抑人扬己，损人利己。作为领导者，在对下属产生怀疑时，一定要警惕离间术乘虚而入。"来说是非者，便是是非人"，领导者在用人问题上，我们要警惕某些人因为种种原因而采取的离间术。

一般情况下，离间术有以下特征：

1. 目的性

任何离间术都有其明确的目的。只有在目的的驱使下，离间的所有行为才可以表现出实际意义。离间有时是为了获取个人的某种利益，有时则表现为满足个人的某种心理，有时也可能是为了小集团的利益，但无论如何，它都是建立在私欲、颓废、反动之上的。离间者的目的不在离间过程本身，而在于达到离间之后的目的。

2. 隐蔽性

离间者的目的决定了行为的隐蔽性。因为伴随着离间术的实施，离间者对被离间者的侵害行为已经开始，而这种侵害又是巧借被离间者之间的摩擦力量去进行的，况且，一旦离间成功，被离间者的利益受损则是绝对的，所以，离间者只有使被离间者在表面上知情，而不能在根本上知底，才能达到他离间的目的。因此，隐蔽性贯穿在离间活动的始终。

3. 欺骗性

离间的隐蔽性决定了离间手段的欺骗性。因为离间是一种侵害行为，而且要借助客体之间的摩擦力量才能实施，又要做到隐蔽得天衣无缝，这就很难采取正当公开的手段实施。所以，离间者往往会制造假象欺骗客体，使其产生错觉，做出错误的判断，形成错误的认识，以便让对方在不知不觉中落入圈套。

离间术虽然有以上三个方面的特征，但是也并非是不可破译的。要想破译离间术，需从以下三个方面进行分析。

首先，是联系分析。任何离间者要想达到离间他人的目的，必然要与被离间者发生这样那样或明或暗的联系。因为没有联系就无法借助客体之间的摩擦力量，再高明的离间术也无法得以实施。因此，谁突如其来地与你发生联系，谁就有可能在实施离间术。

其次，是利益分析。一般说来，离间术通常是伴随着利益冲突而实施的，而离间者往往又是被离间者发生矛盾后的直接或间接受益者。因此，领导者对人际冲突制造者的利益得失进行分析，就会有利于识破离间者的真面目。

最后，是反常分析。任何离间术，无论如何高明绝伦，只要它付诸实施，就一定会留下一些反常的痕迹。因此，领导者要对反常的蹊跷行为进行认真分析，进而反向思维，弄清人际冲突的来龙去脉，这对于破译离间术很有帮助。

总而言之，离间术的破译应建立在对其行为特征的综合分析之上，领导者既不能盲目猜疑，又不可掉以轻心。

关键岗位敢用外人

企业除了要最大限度开发利用好自身的人力资源外，还要善于利用外部的人力资源。借助他人为自己谋利，善于借用他人的力量为自己的企业创造财富。"好风凭借力，送我上青云"，借助他人之力能促进企业少投入多产出，飞速发展，走向辉煌。尤其在一些关键岗位上，敢用外人，更能体现出领导者的胸怀和魄力。

1. 领导者要善于发挥智囊团的作用

现代社会纷繁复杂，政治、经济、文化各个巨大系统纵横交织在一起，而现代科学技术和生产力的飞跃发展，又使社会中的各个系统，都处在不断变化之中。面对如此复杂且不断变化的社会，任何高明的领导者，都不可能单靠一己之力做成大事。他还必须借用他人的力量，即发挥智囊人物或团体的决策参谋作用。而智囊人物往往担任企业的关键岗位，领导者要敢用外人才能有助于获得更多更好的建议，利于企业的发展。

在现代企业，决策具备"断""谋"分家的特点。"断"是领导者的决策，"谋"则是指专门智囊人物或团体想出的各种方案。在领导者决策之前，智囊团积极地发挥作用，为领导者提供各种信息资料，拟定各种可供选择的方案。然后领导者再查看每种方案，做出最后决策。可以说，现代企业领导者的决策正是智囊团"谋"的结晶。因此，任何一位高明的领导者都必须充分认识智囊团的功能，并积极发挥其作用。

2. 尊重贤士，视其为知己

智囊人员并不是在任何时候都表现得很高明，也不是处处比领导者厉害，领导者绝不是事事必须听他们的意见，但是，智囊人员的确是学有专长，在某些方面比领导者了解得更多更透彻。富有才华的领导者也不可能处处高明，只有借用智囊人员的高明之处，才能真正做到在决策中万无一失。因此，领导者切忌刚愎自用，端着架子指使别人，而应该虚怀若谷，恭以待人。只有这样，善于借用外脑，才能算得上是真正高明的领导者。

3. 不设任何限制，任其自主

领导者不应以任何形式把自己的主观意志强加给智囊人员，而只需积极地为他们创造一个独立进行工作的环境。领导者必须尊重他们工作的独立性，不干涉他们的工作，让他们通过研究得出他们自己认为是科学的结论。这样才能真正让智囊团发挥作用。

4. 兼听百家，决断自主

领导者要有兼听的胸怀，应认真借助咨询机构的力量，但是又不能为智囊人员的意见所左右。毕竟最终做出决策的还是领导者本人。

俗话说："一个篱笆三个桩，一个好汉三个帮。"一个人再怎么聪明，再怎么能干，终究不过是一个人而已。

作为领导者，最大限度地发挥多数人的主观能动作用，比起只相信自己，只靠自己劳神苦思的孤家寡人策略要高明得多。

善于用人之长，避人之短

《淮南子·道应训》中有记载：

楚将子发非常喜欢结交有一技之长的人，并把他们招揽到麾下。当时有一个其貌不扬、号称"神偷"的人，子发对此人也是非常尊敬，待为上宾。有一次，齐国进犯楚国，子发率军迎敌。由于齐军强大，三次交战，楚军三次败北。正当子发一筹莫展的时候，那位其貌不扬的"神偷"主动请战。当天夜里，在夜幕的掩护下，"神偷"将齐军主帅的帷帐偷了回来。第二天，子发派使者将帷帐送还给齐军主帅，并对他说："我们出去打柴的士兵捡到您的帷帐，特地赶来奉还。"那天晚上，"神偷"又将齐军主帅的枕头偷来，然后又于次日由子发派人送还。第三天晚上，"神偷"又将齐军主帅头上的发簪子偷来，次日，子发照样派人送还。齐军士兵听说此事，甚为恐惧，主帅惊骇地对手下们说："如果再不撤退，恐怕子发要派人来取我的人头了。"于是，齐军不战而退。

一个企业需要的人才是多种多样的，同时，每个人也只能够在某一方面或某几个方面比较出色，不可能在各个方面都非常出色。高明的领导者在用人时，不会盯住人才的缺点，而是发现人才的长处，让他的某方面特长能为团队的事业做出贡献。

明代永乐皇帝朱棣是一位很有作为的皇帝。他当皇帝20多年，摸索出了"君子与小人"的一套用人经验。有一次，他和内阁辅臣聊天时谈到用人，对现任的六部大臣逐一评价，说了一句："某某是君子中的君子，某某是小人中的小人。"这两个人当时一个是吏部尚书，一个是户部尚书。

用"君子中的君子"我们很容易理解，举国上下那么多人，为什么朱棣还要让一位"小人中的小人"担任那么重要的职位呢？这正是朱棣用人高明的地方：让"君子中的君子"做吏部尚书，不会结党营私，把自己的门生、亲戚和朋友全部安排到重要岗位上，而是以国家利益为重，为国家、朝廷选拔人才；而"小人中的小人"做户部尚书，能为了把财税收起来不择手段。朱棣每年的军费开支非常大，正常的财政收入根本无法应付，除了常规的赋税外，每年还必须要有大量的额外收入来支撑军费。所以他必须找一个会给他搞钱的"小人"。

有人说：没有平庸的下属，只有平庸的领导。每个人都是长与短的统一体，任何人只能在某一领域是人才，一旦离开他精通的领域，人才就会变成庸才。因此领导者在用人时，只能是择其长者而用之，恕其短者而避之。任何人的长处，大都有其固有的条件和适用范围。长，只是在特定领域里的"长"。如果不顾条件和范围，随意安排，长处就可能变成短处。

有那么一位颇具盛名的女园艺工程师，专业上很有造诣。不料被上司选中，一下子提为某局局长。结果，女工程师的业务用不上了，对局长的工作呢，既不擅长，又不乐意干，两头受损失，很苦恼。这就叫作"舍长就短"。举人者也是出于好心，想重用人才，但由于不懂用人的"长短之道"，反而浪费了人才，造成了新的外行。

领导者应以每个下属的专长为思考点，安排适当的位置，并依照下属的优缺点，做机动性调整，让团队发挥最大的效能。最糟糕的领导就是漠视下属的短处，随意任用，结果总是使下属不能克服短处而恣意妄为。一个成功的领导者，在带领成员时，并不是不知道人有短处，而是知道他的最大任务在于发挥他人的长处。

然而，如果一个人的短处足以妨碍其长处的发挥，或者妨碍到团队组织的纪律、正常运作与发展时，那么领导者就不能视而不见，而且必须严正地处理了。尤其是在品德操守方面，正所谓：人的品德与正直，其本身并不一定能成就什么，但是一个人在品德与正直方面如果有缺点，则足以败事。所以，领导者要容忍短处，但也要设定判断及处理的准则。

敢于用比自己强的人

敢不敢用比自己强的人？这恐怕是领导者在用人中对自己最大的考验，同样也是老板最容易犯的错误。

"他都比我强了，那别的员工眼里，他是老板还是我是老板？"有些领导者认为：

（1）别人比他强就意味着自己不称职，同时意味着会在员工心目中丧失威信，而后就做不了老板。

（2）员工中有比自己强的人，那他一定会对自己的位置虎视眈眈，总想取而代之，不能养虎为患。

（3）有能力的人或多或少都是有野心的，明知等他们强大后会自立门户，为何却还要给他营造个发展的机会，多个强劲的对手呢？

（4）在企业，我称老二就不能有人敢称老大……

在这类心态的支配下，领导者往往就希望别人无限放大他的才能，而他自己却无限缩小别人的才能。当员工工作取得比领导者好的成绩，获得更多的支持时，领导者就会觉得他们是在树立自己的威信并且威胁到他的领导权。领导者在这种心态支配下，势必会严重挫伤这些员工的积极性。

其实，一个优秀的领导者，想获得成功，不是要处心积虑地去压制下属，而是要想方设法雇用比自己优秀的人，并且让他们受到重用，让这些比自己更优秀的人来效忠。

全球零售巨头沃尔玛的总裁李·斯科特，就是一位敢于聘用比自己更优秀下属的领导者。1995年，斯科特雇用了一个员工迈克·杜克负责物流工作，向自己汇报。到现在，迈克已经是沃尔玛的副主席了。

当时迈克被提升接管物流部门的同时，斯科特自己也升职了。那一天他正在法国，忽然收到了一封传真，调任他做新的销售部总经理。

这让斯科特有点吃惊，之前他一直负责物流和仓储运输，从来没有从买方的角度来工作。于是他就问老板为什么要自己来负责全球最大零售商的销售，得到的答案是：因为斯科特可以找到一个雇员，做得比自己还好。即使斯科特把销售部搞得一团糟的时候，至少还有迈克可以让物流部保持原样！

正因此，斯科特一直认为是因为他雇用了比自己更强的人，他才能够走到今天这一步。凡是想要成大事的人，都应该像斯科特一样，能把比自己强的人招揽到自己旗下，并诚心相待。

美国的钢铁大王卡内基的墓碑上刻着："一位知道选用比他本人能力更强的人来为他工作的人安息在这里。"卡内基的成功在于善用比自己强的人。在知识经济时代，领导者就更需要有敢于和善于使用比自己强的人才的胆量和能力。

领导者要想成功，除了敢用比自己强的人外，还要做到以下

3点：

（1）领导者要具备足够的胆量。因为，任用比自己强的人，往往会产生一种"珠玉在侧，觉我形秽"的危机感。作为一名领导，要想做到乐于用比自己强的人，就必须有胆量去克服嫉贤妒能的心理。那些生怕下级比自己强，怕别人超过自己、威胁自己，并采取一切手段压制别人、抬高自己的人，永远不会成为有效的领导者。所以，领导者敢用和善用比自己强的人，一定要有足够的胆量。

（2）强者并不等于完人。优秀的人才最可贵的地方就在于他有主见、有创新能力，不随波逐流，不任人左右。真正的人才需要具备很强的创造力，能为组织带来绩效及为领导开创局面，甚至其能力超过领导者。然而，他们也并不就是完人，所以领导者还要具备容人之雅量。

（3）要允许失败。失败乃成功之母。在创造性的工作中，失败是常有的事，不能因为他们强就剥夺他们失败的权利。

领导者只有在敢用比自己强的人的基础上做到以上3点，才能真正保证企业在市场上保持持久的竞争力，获得成功。

让下属不好意思失败

许多人都是冰棍做的性子，你越冷，他越硬，能折不能弯。跟你过几招他敢，照顾你几拳他敢，要他服软可就难了。他们声称自己：文打官司武打架，软的硬的全不怕。

实际上，这种人也不是真的什么都不怕，他们也有一样怕的东西。他们怕敬。"你敬我一尺，我敬你一丈。"所以企业领导说下属难管，不是他们不好管，而是管得方法不当。你看《水浒传》里宋江说服霹雳火秦明的那一段，梁山好汉要杀他时他不服软，可是宋江往地上一跪，一声"将军"称呼下来，立刻让他惊讶不已，再自称一声"罪囚"，就吓得他跪在地上叫"哥哥"，立马就当了朝廷的叛徒。

再看明朝大将常遇春，他也是个天不怕地不怕的人。普天之下，他就怕两个人，第一个是老婆，第二个是朱元璋。他的老婆，并不是一个凶狠彪悍的母夜叉，相反，她知书达理，深明大义。常遇春为什么怕她呢？因为她敬重他，将他当成一个人物，对他寄予厚望。常遇春阵前争锋，屡立战功，有一半的原因就是怕老婆失望。朱元璋虽然是上司，让常遇春害怕的，仍是一个"敬"字。朱元璋同样把常遇春当成一个人物，对他寄予厚望。常遇春出生入死，也是怕朱元璋失望。在企业中，怕别人敬重，不怕别人贬低的人很多。他们怕表扬，不怕批评。他们觉得自己把事情做得漂漂亮亮很难，但马马虎虎对付却很容易。领导看低他，他正好拣容易的做，马马虎虎对付一下。领导把他看高，他好意难却，只好勉为其难地往好里做。

还有的人生怕别人不贬低他，故意自我贬低，也是这种避难就易的心理在作怪。对付这样的下属，领导最好用的就是一个"敬"字，敬他，让他不好意思失败！

让合适的人做合适的工作

"垃圾只是放错了地方的宝贝。"人们的短处和长处之间并没有绝对的界限，许多短处之中蕴藏着长处。有的人性格倔强，固执己见，但他必然颇有主见，不会随波逐流，轻易附和别人意见；有的人办事缓慢，手里不出活，但他往往做事有条有理，踏实细致；有的人性格不合群，经常我行我素，但他很可能有诸多奇思妙想，富有创新精神。

因此，用人贵在合适。所有的事都由合适的人去做，所有的人都做相应的事，这样就能充分挖掘人才的潜力，产生巨大的效益。

有一只很富有的蜥蜴，它拥有自己的庄园，手下还有几十名仆人。

最近一段时间，蜥蜴心情很不好，原因就是家里有很多的苍蝇和蚊子，吵得它没办法睡觉。严重的睡眠不足导致它白天没精神、头脑混乱，炒股常买错号，一赔再赔，生意越做越差。

这一天，蜥蜴把家里所有的仆人都召集到一起，说："你们中会捉苍蝇和蚊子的站出来，老爷我有重赏。"

话音刚落，蜻蜓、青蛙、壁虎和蜘蛛就陆续地站了出来。蜥蜴一看有这么多仆人都自告奋勇，对杀"蚊蝇计划"充满信心。它马上开始分派任务——蜻蜓和青蛙负责在自己的卧室捉蚊蝇，壁虎和蜘蛛则负责在水塘捉蚊蝇。任务分派完后，蜥蜴高高兴兴回屋准备睡个好觉。

蜻蜓和青蛙来到了主人的卧室，各自分了工，青蛙在地面上捕捉，蜻蜓在空中捕捉。结果蚊蝇看到青蛙就飞到高处，看到蜻蜓就钻进墙缝，结果把蜻蜓和青蛙累得趴在地上动不了了，它们只好无功而返。

这边，壁虎和蜘蛛也来到水塘边，看到很多蚊蝇在水面上空盘旋，可就是够不着。壁虎一看到水就头晕，蜘蛛结的网也都被水融化了，没有办法，它们也只好无功而返。

第二天，蜥蜴暴跳如雷，一气之下把蜻蜓、青蛙、壁虎和蜘蛛全都解雇了。

蜥蜴永远也不会明白：明明四个捕捉蚊蝇的高手，为什么一到它这儿就变得一无是处了呢？原因就在于它并没有真正地了解它们的特长，没有把适合的人安排到适合的职位。相信如果让蜻蜓和青蛙负责水塘，让壁虎和蜘蛛负责卧室，情况就会完全不一样了。

"尺有所短，寸有所长""金无足赤，人无完人"，选择合适的人去做合适的事才是一名领导的用人之道。在一次工商界聚会中，几位老板谈起自己的经营心得，其中一位说："我有三个不成才的员工，准备找机会将他们炒掉，一个整天嫌这嫌那，专门吹毛求疵；一个杞人忧天，老是害怕工厂有事；还有一个经常摸鱼不上班，整天在外面闲荡鬼混。"另一位老板听后想了想说："既然这样，你就把这三个人让给我吧！"

这三个人第二天到新公司报到，新的老板开始分配工作：喜欢吹毛求疵的人负责管理产品质量；害怕出事的人，让他负责安全保卫及保安系统的管理；喜欢摸鱼的人，让他负责商品宣传，整天在外面跑来跑去。三个人一听职务的分配和自己的个性相符，不禁大为兴奋，兴冲冲地走马上任。过了一段时间，因为这三个人的卖力工作，居然使工厂的营运绩效直线上升，生意蒸蒸日上。人才并不意味着样样精通，他们只是在某一方面做得特别出色，而有的方面的能力也很一般。让所有的事都由合适的人去做，让所有的人都做相应的事，这样就能充分挖掘人才的潜力，产生巨大的效益。

不要让助手变成对手

众所周知，再高明的领导者也离不开得力的助手。有了得力的助手，领导者就更能够游刃有余地驰骋商海，取得成功。但是，在严酷的市场竞争中，有时也会出现助手变成对手的可怕现象。遭遇这种情况，往往会使企业处于万分危险的境地。因此，领导者不可不慎。

仔细分析起来，助手变成对手的原因，不外乎以下几种：

（1）助手贪财好利而临阵倒戈。

（2）助手觉得怀才不遇而另投他家。

（3）助手一心谋求自我发展，而另立门户。

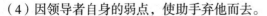

（4）因领导者自身的弱点，使助手弃他而去。

那么，企业领导要怎么做才能防止助手向对手的蜕变呢？一位哲人说得好：并非每一片乌云都能带来风暴，然而一切风暴，事前却必定有乌云。在助手变成对手之前，肯定也会有大量的征兆，精明的领导者必定能从中发现不少蛛丝马迹，从而及时化解危机。

不过，要想彻底防止助手变成对手，领导者还应防微杜渐，从点点滴滴的小事做起，让助手变得忠心。

（1）领导者在选择自己的助手时，要仔细考察对方的品行如何，这一点很重要。不少领导喜欢"量才录用"，这固然不错，但是，有才者未必一定就有德，选择助手一定要德才兼备才行。

李总是某投资公司的负责人，无论他出现在什么场合，身旁总带着那位其貌不扬、憨厚笃实的助手。接触多了，大家渐渐发现，李总的那位助手在公司并非精明能干之流，只是一个中等人才而已。于是，有人禁不住好奇，询问李总为什么不选一个才华横溢、能力超群的人做自己的助手。李总淡淡一笑："人才固然好，但是他们多不安分，总是这山望着那山高，一有机会，就可能要'人往高处走'，到那时，他的才华越高，能力越强，对本公司的威胁也就越大。既然一流人才不好留，我们干脆就选用那些顾全大局、勤勉肯干的中等人才，这样有利于公司的稳定和发展。"虽然李总的话并不完全准确，但是也从另一个角度揭示了领导者在决定助手人选时应考虑的一面。

（2）领导者一旦选定自己的助手，就要像老师对待徒弟一样倍加爱护、严加指导，并且用之不疑，大胆地让其行使自己的权力。千万不要认为，对方不过是自己的助手，事事都必须由自己支配，从而束缚了助手的手脚，使他的才华得不到充分的发挥。要知道，领导者适当地下放权力，助手们的工作会变得更加主动积极。

（3）领导者要多给助手一些感情投资。根据马斯洛的原理，人的需求分为五个层次，对物质利益的需求只是一种低层次的要求，人们往往在物质基本能满足自己的一般需求后就希望实现更高层次的需求，即精神需求。尤其是在如今这个生活节奏越来越快的社会，人们对精神方面的需求日趋强烈。而领导者适时的关心、发自内心的欣赏和爱护、真诚的赞美与尊重，这些都会使领导者与助手们形成一种亲密的战友关系，在这种情况下，助手才可能是永远忠心耿耿的助手。

总之，警惕助手变对手的最好方式莫过于让助手时刻觉得自己的利益和命运与公司休戚与共，这对于所有希望梦想成真的领导者来说，都是一门必须掌握的艺术。

成功的领导都离不开得力的助手。但正因为助手位置的举足轻重，又必须谨慎防止出现助手变对手的局面。其根本方法，首要的是选择德才兼备的人，其次要严加指导、倍加爱护、放手使用，再次要多一些感情投资，建立一种休戚与共的关系。

有幸得到一个好助手，就不要换来换去

聪明的领导都知道一个好的助手对自己的意义有多大：一个好的助手胜过一大沓存单。因为一个好的助手对于领导者而言，不仅仅是增加了金钱方面的优势，更重要的是他能为领导分担很多精神上的负担，能够让领导从一些琐碎繁杂的事情中脱身，有真正的放松和休闲的时间。

所以，很多领导者都在寻找好的助手。他们知道，"智者当借力而行"。真正聪明的领导者永远都不嫌助手太好。而绝大多数的领导者都认为，最好的助手一个最基本也最可贵的品质就是忠诚。

著名商业大师巴纳姆认为："如果你得到一个好帮手，最好能一直把他留在身边，而不要换来换去。他每天都能够有新的收获，你

可以因为他经验的积累而获益匪浅。他对你的影响力今年比去年大，如果他没有不良的习惯并且一直对你忠心耿耿，无论如何你都不应该让他离开。"因为忠诚对于领导而言，不仅是利益的需要还是精神的需要。但并不是每一个助手都能对领导忠心。一旦助手背叛领导，那对领导者而言会比失去了一个绝好的商业机会更为痛心。

所以，如果领导者有幸得到一个好助手，就不要换来换去。

用人要精而不要滥

求贤若渴，实为领导者的高明之举。但如果因为人才紧缺，对其渴望过度，饥不择食，用人过滥则会适得其反，欲速则不达。

然而现实中就有那么一些企业，在用人方面滥而不精，主要表现为两方面：一是用人多，人浮于事，不能充分发挥每个人的作用，从而导致资源浪费；二是人员素质不高，有滥竽充数的，有不能胜任的，有特殊照顾的，有看人行事的，这势必影响企业团结和规章制度的推行。总之，用人过滥，会给企业带来很多问题，成事不足，败事有余，是企业一大弊端。

中国有句古话说："龙多不治水，将多不打仗。"本来只需一个人干的活，领导却要安排两三个人，结果是机构臃肿，人浮于事。一个人干，一个人看，还有一个人在捣乱，三个人倒不如一个人干得多、干得好。所以才有"一个和尚挑水吃，两个和尚抬水吃，三个和尚没水吃"的现象。

在古代，唐太宗李世民在用人方面，披沙拣金，宁缺毋滥。在唐太宗统治的二十多年间，政府官员，数量不多，却非常精干，办事效率也极高。李世民的高效管理体制，是古代社会实行大社会、小政府、低成本运行机制的一个典型代表，是非常有借鉴意义的成功范例。

隋文帝统治时期，官僚机构非常庞大，当时有"官多民少，十羊九牧"的说法。经过机构改革，州县合并，裁汰冗官，从而节省了政府的开支，提高了行政效率。

经过隋末农民大起义，政府官员被杀了许多，急需补充人员，而李世民手握大权，却不轻易授官于人，李渊的妃子想为家人捞个一官半职，都被李世民一口回绝，为此得罪了不少人。

德国著名的大众汽车公司，在几十年的经营活动中都较为顺利。但当世界出现石油危机时，这家大企业就遇到了前所未有的困难，1974年发生了高额亏损，1975年亏损的势头加剧，使这家闻名全球的大企业面临着崩溃的边缘。

在这关键时刻，斯米克尔应聘接管该公司总经理职位。他上任后对本公司做了全面的了解，发现客观原因是导致公司经营困难的一个方面，但企业内部机构和人员过多所造成的各种阻力，才是更为主要的一个方面。据此，他果断地采取了一项措施，就是精简公司的机构和各级领导班子人员，清除了那些不干实事、提不出建议的领导和管理人员，对那些争权夺利、给企业生产造成内耗或不利于提高生产效率的人员，均予解除。经过这么一改，大众公司的员工从11.2万人减少到9.3万人。由于减少了中间环节，政令畅通，工作效率大大提高了，同时，公司的费用支出也大大减少了，到1976年，公司扭亏为盈，实现利润10亿马克。从此以后，大众公司恢复了元气，走上了稳定发展的道路。

斯米克尔从大众公司在20世纪70年代初陷入的高亏损中，总结出企业各级领导者如不称职，庞杂的机构和过多的冗员会相继产生，整个企业的管理系统就会形成恶性循环的教训。如果企业各级领导班子和人员能够精干，不但可以节省各项费用，还可以提高效率。特别是在科学技术迅速发展的当今，在很多情况下电脑代替人脑，机械手取代人手，精干的人员已成为企业普遍追求的现实，亦成为衡量企业的竞争能力的条件。

在有的企业里，一般不存在用人多、人浮于事的问题。企业老板为了节省费用，该用三个人办的事他只用两个人。但用人唯亲的情况却是相当普遍的，这就难以保证人员的素质，也堵塞了选用贤者、能人的路。国有企业用人有一定的制度，对滥用有私人关系的人有一定的约束，在这一方面比之私营企业要好一些。但是用人多，人浮于事的问题却比较突出。人多事少，分工过细，既影响其工作积极性和聪明才智的充分发挥，把人越养越懒，又会因无事生非，制造出很多矛盾来，影响职工团结和企业的凝聚力。

要防止企业发生用人过滥的问题，最重要的是坚持用人制度，严格按照有关的规章办事，一方面教育干部在用人问题上要树立廉洁作风，一方面要加强对用人的不正之风的检查处理。这样，就可以使企业在用人问题上能沿着一条正确的、健康的道路走去，防止用人过滥而搞乱企业。

用人不要带有私人情感

《韩非子》中有则寓言，说的是宋国有个富人，一天，大雨把他家的墙淋坏了。他的儿子和邻居家的老人都说，不修墙，必然会失盗。晚上，富人家果然丢失了财物。富人觉得他儿子很聪明，而怀疑邻居老人是个窃贼。

可见感情亲疏对事物的认知能产生很大的影响。

唐玄宗李隆基对杨国忠一再地委予重任就带有很深的私人情感。刘备不听诸葛亮之劝，不用谨慎行事的赵子龙，而用好意气用事的关云长镇守荆州，结果关云长大意失荆州，这是桃园结义之"情"起的作用。后来又不听诸葛亮苦谏，一意孤行出兵东吴为两结拜兄弟报仇，果然遭惨败，病死白帝城。战国时，秦以外的大多数国君任用亲人辅己，非亲则难得重用，因而杰出的人才都投奔到秦国，实际上是输送人才以强敌，因而削弱自己，这便是当时大国之所以被秦国逐个消灭的关键原因。

现代企业，也有因领导者用人带有私人情感而导致企业受损的例子。松下幸之助曾有位好朋友叫武久逸郎，是不可多得的经营人才，所以松下将刚成立的电热部交给他管理。

1927 年 1 月 10 日，武久走马上任，辅佐他的是松下电器的技术专家中尾哲二郎。中尾推出"超级电熨斗"，月销 10000 只，在市场上一枝独秀。在当时的松下电器，电热部是公认盈利很大的部门之一。

松下只制订经营策略，具体事务由武久与中尾负责。中尾负责技术指导，管理洽谈一类的事由武久来做。武久在松下公司声誉日隆，有人说：武久是继松下之后的经营全才，松下也认为武久人才难得。

可是到了定期结算时却意外发现电热部亏损。财务人员一度认为计算错误，然而经过认真核算，不得不确定电热部确实是亏损了！报表交到松下手里，松下第一反应是：这怎么会呢？武久也不相信，但确确实实亏损了啊！

松下最先反省，错在哪里呢？是当初计划太草率？是定价不合理？是生产成本偏高？是日常消耗过大？思索良久，松下终于确定了问题的症结：经营策略没错，但在执行时发生偏差，漏洞颇多，武久要负主要责任。

武久对此始终不解：怎么亏损了呢？松下要武久对管理进行回顾反思，武久不知所云，一派茫然。

于是松下深刻检讨自己的用人之道：过高地估计了武久的经营才能，私人感情占了上风。俗语说：隔行如隔山。武久原来是开米店的，他对电器行业完全是外行，两者的复杂程度，绝不可同日而语。就算武久是可塑之才，也该让他从小点的职位做起，熟悉过程。可自己一下子就委予武久全盘负责重任，这是典型的用人讲情面、头脑发热的举动。

松下经过反复思索，制定了拯救措施：

（1）电热部不宜共同经营。

（2）今后由自己直接管理。

（3）经营态度非彻底认真不行。

（4）用人、管人一定要讲政策，抛开私人情感。

之后，松下找到武久，和他彻夜长谈。最后，武久下定决心愿意在松下公司从小职员做起，好好磨炼。

松下感动之余，紧紧握住武久的手："欢迎你，武久君，你真了不起！我失去了共同经营的伙伴，可我却得到了值得依赖的职员！"

从此以后，松下立下一条规矩：不管什么人，都要从基层做起，根据实际表现再提升职位，绝不能用人唯亲讲情面，开后门。领导用人千万不能因私人感情而讲情面，这样不仅难于管理其他的人，而且很可能会为自己带来不必要的损失。

不要忽视小人物

领导者如果现在自恃地位高，忽视一些小人物，就等于为自己树立了一个个强大的敌人；相反，若是懂得尊重他们，也等于为自己带来了朋友。领导者事业上的成功，除了靠大人物提拔，更多的时候还必须依靠广大小人物的支持和共同努力。

从古至今，任何有所作为的领导都非常了解尊重群众的重要性。《战国策》记载了这样的一个故事：

中山国君宴请都城里的军士，有个大夫司马子期在座，只有他未分得羊羹。司马子期一怒之下跑到楚国，劝说楚王攻打中山国。中山君被迫逃走，他发现，逃亡时有两个人拿着戈跟在他后面，寸步不离地保护他。中山君回头问这两个人说："你们是干什么的？"两人回答说："我们的父亲有一次快要饿死了，你把一碗饭给他吃，救活了他，父亲临终时嘱咐我们：'中山君如果有难，你们一定要尽死力报效他。'所以我们决心以死来保护你。"中山君感慨地仰天而叹："给予，不在于多少，而在于正当别人困难时；怨恨，不在于深浅，而在于恰恰损害了别人的心。我因为一杯羊羹而逃亡国外，也因一碗饭而得到两个愿意为自己效力的勇士。"

《史记·魏公子列传》中有这样一个故事。

魏无忌为人仁厚，又能礼贤下士。凡是士人，不论才能高低，魏无忌都能谦虚地以礼相待，不因为自己富贵就怠慢他人，所以各地的士人都争相前往归附，因而他的食客共有三千人之多。在那时，各诸侯国因为魏无忌贤能、门客又多，所以十多年都不敢侵犯魏国。当时魏国有个隐士名叫侯嬴，已经70岁了，因为家里很穷，只好去做夷门的守门人。魏无忌听说后，就带了丰厚的财物前去问候，但侯嬴不肯接受。于是魏无忌就改摆酒席，大宴宾客。

当客人坐定之后，魏无忌带着礼物，空着车子左边的座位，亲自去夷门迎接侯嬴。侯嬴整了整破旧的衣帽，就毫不谦让地上车坐在了上首，想借此来观察魏无忌，不过魏无忌反而对他更加恭敬。

之后，侯嬴又故意对魏无忌说："我有个朋友住在街上的屠宰坊里，希望您能顺便带我去拜访他。"

魏无忌不以为意，随即驾着车子就来到市场。侯嬴下车去会见朋友，他边跟朋友谈话，边暗中观察魏无忌，但魏无忌的脸色更加温和，即便市场上的人都看着这个场面，他仍然保持恭敬有礼的态度，没有一丝不耐烦。

很长时间过去了，侯嬴都没有出来，这时随从人员都在暗地里骂侯嬴。

侯嬴观察到魏无忌的脸色始终不变，才辞别朋友，登上车子。来到魏无忌家后，魏无忌领着侯嬴坐在上位，并为他一一介绍宾客。到了饮酒正酣时，魏无忌起立，来到侯嬴面前向他敬酒祝福。

这时，侯嬴才对魏无忌说："我不过是一个守门人，但公子却亲自驾着马车去迎接我。我本不应该去拜访朋友，却委屈公子跑了一趟。然而，我侯嬴想成就公子的美名，故意让公子的马车久久停在市场上，借此观察公子，但公子却更加恭敬。百姓们大都把我看作小人物，而认为公子是有德行的人，能谦恭地对待士人啊！"

此后，侯嬴成了魏无忌的上宾，并为魏无忌的事业做出了许多贡献。魏无忌之所以对许多别人看不进眼里的小人物如此恭敬，原因就在于他了解小人物中蕴藏的巨大潜能，而且只要能妥善掌握这个潜能，就能借助这种力量去成就自己、成就大事。

同理，企业领导也该如此。要知道，人是最复杂的动物，想要成为卓越的领导者，就不要忽视小人物，在他们身上的投资，可能会带给你意想不到的连锁反应。

相反，如果领导者只是因为一点儿私事而心情不好，甚至把这种不良情绪带到了工作环境中，并且不加遏制地迁怒于下属，把那些微不足道的小人物当作出气筒、受气包，那么领导者就可能遭到反噬。

当然，大多数下属都只会忍气吞声，但是一旦遇到的是个有个性且自尊心很强的人，他就会在某天乘你不备之时重创你。也许，这个人有非同一般的家庭背景，他的家族中有人可以决定你的升迁，但你却无端对他发火，那岂不是自己葬送了机会和前程？也许这个人颇有才华，几年以后，就会站到与你同级或比你更高的位置，这样一来，岂不等于为自己树立了一个未来的敌人吗？

这个世界是不断变化的，没有一成不变的事情。小人物不会甘于永远充当小角色，或许有一天也会变成大人物，多一个朋友总比多一个敌人强。

人才搭配要合理

搭配人才，也是领导者的必修课。人才搭配合理，既能让每个人才各展所长，又能让组织结构务实高效，还能让整个团队更具有战斗力。

法国骑兵与马木留克骑兵作战。骑术不精但纪律很强的法国兵与善于格斗但纪律涣散的马木留克兵作战，若分散而战，三个法国骑兵战不过两个马木留克骑兵；若百人相对，则势均力敌；而1 000名法国骑兵必能击败1 500名马木留克骑兵。原因在于，法国兵在大规模协同作战时，发挥了协调作战的整体功能，说明系统的要素和结构状况对系统的整体功能起着决定性作用。

这是恩格斯讲的一个经典寓言，说的就是人才搭配的问题。领导者对于人才的使用，要争取做到让整个队伍的构成呈现出优化组合的状态。所谓优化，绝不是最优秀人才的聚集，而是各类专门人才的汇总。通常来说，一个团队中要有以下几种人才：有高瞻远瞩、多谋善断、具有组织和领导才能的指挥型的；有善解人意、忠诚积极、埋头苦干的执行型的；有公道正派、铁面无私、心系群众的监督型的；有思想活跃、知识广博、善于分析的参谋型的……如果团队中全是同一种类型的人才，即便他们个个都极为优秀，也肯定搞不好工作。只有合理地搭配人才队伍，才能做到人尽其才、各展所长，整个团队才更具战斗力。

唐太宗就很注意合理搭配使用人才。他将手下个性迥异、能力有别的人才一个个都放在了适合的位置上，从而使得人才队伍构成合理、组织结构务实高效。房玄龄处理国事总是孜孜不倦，知道了没有不办的，于是太宗任用房玄龄为中书令。对于国家大事，房玄龄能提出许多精辟的见解和具体的办法来，但却不善于整理，很难决定颁布哪一条。杜如晦虽不善于想事，却善于对别人提出的意见做周密的分析，精于决断。于是唐太宗将他们俩搭配起来辅佐自己，从而形成了历史上著名的"房谋杜断"的人才结构。

此外，唐太宗任用敢于犯颜直谏的魏徵为谏议大夫，任用文才武略兼备的李靖为刑部尚书兼检校中书令，都做到了人尽其才、才尽其用。房玄龄、杜如晦、魏徵、李靖等人的合理搭配，既各得其所，尽展风采，又让大唐初期的这个管理层在历史上有口皆碑。

价值连城的钻石和普普通通的石墨，一个坚硬无比，一个柔软细腻，但两者的构成元素却是一样的。同为碳原子，仅仅因为排列的不同，就产生了截然相反的两种物质。同样，合理安排人才的组合方式，既能让每个人才超水平发挥作用，也会使整个人才队伍的能量成几何级数增长。

李嘉诚就是一个精于搭建科学高效、结构合理的人才队伍的优秀领导者。在他组建的公司领导班子里，既有具有杰出金融头脑和非凡分析本领的财务专家，也有经营房地产的老手；既有生气勃勃、年轻有为的国人，也有作风严谨、善于谋断的洋人；既有公司内部的高参、助手和干将，也有企业外部的智囊、谋士和客卿。正如评论家所说的那般："既结合了老、中、青的优点，又兼备中西方的色彩，是一个行之有效的合作模式。"

一台发动机或一辆汽车，甚至一架飞机，拆散了不过是一堆不起眼的零件，没有计划、没有组合地堆积在一起，也只能算作一堆废铁。正因为搭配合理，才价值不菲。企业中用人也是一个道理，领导者要对于每个下属在能力、性格、爱好等方面的不同特点做到心中有数，然后按其特性将他们合理搭配，才能使个人和队伍都能够发挥出最佳的人才效益。

一加一等于二，这是尽人皆知的简单数理逻辑，可是用在人才使用的组合上却不一定。如果搭配得恰当，一加一不但等于二，还很可能等于三、等于四，甚至一千、一万。可是，如果搭配不当，一加一不但可能等于零，还可能得出负数来。所以，领导者不但要考虑到下属的才智和能力，还要特别重视人才的合理搭配。

从严对待不听话的下属

对于领导者来说，可能遇到的最难处理的一种情况就是一位员工不接受指示或者干脆把指示当成耳旁风，或者在开会时当着其他员工的面顶撞自己。这种员工的存在直接影响领导的威信和工作的顺利进行，不可小视！

这些不听话的下属也分不同类型，有能力型，这类人自视很高，眼高于手，看不起领导，处处刁难、为难领导，工作不配合；有平庸型，这类人胸无笔墨，志大才疏，工作下来他根本无力去完成，一拖再拖；有后台型，这类人有背景、有依赖，觉得了不起，总喜欢对现任领导评点，好像领导的位子就掌握在他手里，网罗一些人不仅不干活，反而指点评说别人；有投机型，有利可图就干，无利可图就甩手，工作忽冷忽热；有棋子型，这类人头脑简单，为了一时的义气或利益，听信别人的教唆，充当棋子，与领导对抗，使别有用心的人坐收渔翁之利；有自私型，这类人心胸狭窄，由于自己的利益、目的没达到，迁怒于现任领导，或掣肘，或对抗；还有就是刺头型，这些人天生就有叛逆的心理，看谁都不顺眼，跟谁都对抗。

然而无论是哪种类型，对于领导的危害都是一致的，那就是损坏领导形象，扰乱大家工作情绪，阻碍工作的开展，百害无一利。要想工作顺利进行，领导者就要从严对待这些不听话的下属。

领导者在面对"不听话"的下属时，要做到"三个不能"。

（1）不能因此而乱了方寸。凡是不听话的下属都会有冲撞行为和恶语相向，这时你要有涵养，不能被对方的情绪所感染，你是正义的，他是非正义的，你要明白自己的目的，你是为了工作，不是为了吵架，不然你就会处于被动。

（2）不能报复下属。下属再错毕竟是下属，你是领导，你不能与他一般见识。他错了、无礼了，你可以批评、教育，但你因此记恨他、报复他，这就不是一位领导的心胸了。

（3）领导者不能退让。作为一个企业的负责人，一定要有自己的尊严，要维护自己的威信，要做到有理有利有节，不能给人软弱的形象，该讲方法讲方法，该用硬手腕一定要用，不然会无立足之地！

对领导来讲，最不能容忍的，不是下属无能，而是下属有能力，却各自为政，不听自己的。一把钝刀可以磨，可以重新敲打，好歹能使；一把不顺手的利刃，却可能弄伤自己，这样的利刃，越锋利越危险。所以，不听话的下属，必须清理出核心队伍。

第六章

授权的诀窍与艺术：我无为而民自化

管头管脚，但不要从头管到脚

我国历史上著名的皇帝唐太宗不仅是一个善于听从下属劝诚的明君，还是一个善于"垂拱而治"的皇帝。他听从了魏徵的谏言，把那些琐事都交给有这方面才干的人去做，自己则只负责制定国家的大政方针，从而开创了唐朝前期辉煌的局面。

一位非常认真负责的领导，每次分派工作，从开始到结束，事无巨细，指示得非常具体详细。如布置会议室，放多少把椅子，买多少茶叶、水果，会标写多大的字，找谁写，用什么纸等等。开始下属尚能接受，时间一长，大家就不太情愿了，感到他跟个喋喋不休的老太太一样，管得太细、太严了，别人一点儿权力都没有，挺"没劲"，有时他的主意并不高明，但他是领导也得照办。

其实，有很多事只要告诉下属事情的结果就可以了，不必告诉全过程。如让下属推销一批商品，领导者只要告诉他销售定额和经济合同法的一些知识就可以了，没必要告诉他到哪家商店去，进门怎么说，出门怎么道别。叫下属编制一套管理软件，只提要求就可以了，没必要告诉他使用哪种语言、怎么编。管理到一定程度就可以了，过度的管理反而弄巧成拙。

领导者如果什么事都自己动手，不仅会使下属变得过分依赖，挫伤他们的积极性，还会使自己陷于众多琐碎的事情中而不能专心于那些比较重要的事情。当然，领导者不要事必躬亲，不是说领导者不能干具体的工作，领导者适当地干一些事情，有助于加深与下属的感情，并从中汲取智慧和营养。但在这中间要保持一个度，"大事小事亲手干，整体忙得团团转"的领导者，只能算是一个劳动模范，而不是一位称职的领导者。领导者最主要的工作是运筹帷幄，他应该做的事情应该是那些下属干不了的事情或突发的、非常规的事情，而不是替下属操办所有的事情。一个优秀的领导者最大的优点就是能够运筹帷幄，发动别人做事，而不是什么事都要干涉，对下属从头管到脚。

不要把自己变成下属的尾巴

有很多领导者常常把自己的任务定位为一个监工，认为只要自己拿着鞭子在后面盯着，下属就会乖乖听话。其实，他们在不知不觉中已经把自己降格成了下属屁股后面的尾巴。

作为领导者，一是要"领"，二是要"导"，二者强调的都是同一个道理，那就是领导者应当有从自我做起，拿得起放得下，必要的时候对下属尽到言传身教的职责。所以，领导者应该做的是走在下属前面的"领导"，而不是跟在下属的后面充当监督的尾巴。

假设你是别人的下属，上司只懂得摆架子，下命令，举鞭子，却从不深入工作现场，你会由衷地敬佩和听从这样的领导的指挥吗？你只会认为这是上司与下属的分别。作为上司，要想让下属对你产生一种由衷的敬佩，就必须以身作则，在下属间形成一种威望。

某公司的 A 部门主管陈先生，对他的下属们不是斥责效率低，就是嫌弃他们上班的时候开小差，但是他自己却每天伏在办公桌上打瞌睡。在这样的气氛中工作，业绩当然不佳，陈先生再怎么责备下属，情况也不会有什么改善。

B部门的主管王先生则完全不同，他和五位下属负责会务的工作，且经常不计较身份，戴起手套，与下属一起到仓库里搬货物。他们那组人干得很起劲，效率高、气氛良好，出错率极低，公司的领导一看便知道两人的优劣了。

总之，作为领导者既要能同下属打成一片，也要充分发挥自己的"领"和"导"的作用，不要自贬身份，让自己沦落成为跟在下属后面专挑错误的尾巴。

不可迷恋冰冷的上下级关系

很长时间以来，人们只强调外在的制度对于人本身的约束作用，因为人们相信，只要在一个健全完善的框框下，大家就能各司其职，勤恳工作。当现代管理制度完善后，在以名利为根本驱动力的作用下，弱肉强食显得天经地义。但是它带给人们的是一种深深的内伤，一种对于世事的无奈和隐忍。

这一点在福特汽车的兴衰上体现得十分明显。

亨利·福特是美国汽车业的一面旗帜，他改变了美国人民的生活方式，是美国人民的英雄，被誉为"20世纪最伟大的企业家"。但是，福特在管理上的专制和他与员工之间的对立状态，却使得他的企业蒙受损失。福特有一个错误的观念，在他眼里员工无异于商品，对于不服从命令的员工可以随时扔掉，反正只要出钱，随时能够再"买进"新的员工。

从1889年开始，福特曾经两次尝试创办汽车公司，但最终都因为管理出问题而失败。1903年，福特与其他人合作创办了美国福特汽车公司，后来，福特聘请了管理专家詹姆斯·库茨恩斯出任经理。在詹姆斯的卓越管理下，1908年，独霸天下的福特T型车诞生了。随后，T型车极其迅速地占领了汽车市场，而福特汽车公司也一举登上了世界汽车行业第一霸主的宝座。

成功和荣誉使福特变得更加傲慢无礼，他认为自己的所有员工都只是花钱雇来的，所以员工假如不绝对服从自己，就只能让他离开。直到20世纪20年代，在近20年的时间里，福特公司只向市场提供单一色彩、单一型号的T型车。他的销售人员多次提出增加汽车的外观色彩，但福特的回答是："顾客要什么颜色都可以，只要它是黑色的。"因为不愿适应市场需求去改动自己的汽车设计，福特公司就这样停止了前进的脚步。因为福特的独断专行，员工也都纷纷离职，最后连库茨恩斯也无奈另觅他处。1928年，亨利·福特为他的独断专行付出了巨大的代价，福特公司的市场占有率被通用汽车公司超越。

制度是冰冷的，行政命令是呆板的，上下级关系是产生距离的。因此，企业管理者在领导员工的时候，不能因为自己处于领导者位置而表现出居高临下、高傲自大，不能依赖制度的框架而使下属觉得管理缺乏感情，不能片面地依靠命令而使下属产生束缚和限制，不能因为上下级关系而使员工产生距离感；否则，团队将会层出不穷地产生问题。

把表面的风光让给别人，把沉甸甸的利益留给自己

在战场上向敌人示弱，那是自取灭亡之道；但在现实生活中暴露弱点，则是一条很好的处世之道。

无论是事业上的成功者，还是生活中的幸运儿，往往会成为人们嫉妒的目标，"人怕出名猪怕壮"就是这个道理。有时为了消灭这种潜在的威胁，我们应该适当地示弱，将其负面作用减小到最低程度。

示弱能使处境不如自己的人得到心理平衡，有利于团结周围的人群。要使示弱产生效果，必须慎重地选择示弱的内容。地位高的人在地位低的人面前，不妨以学历低、经验不足、专业知识能力有待提高等来表明自己也是个普通的人；成功者应多向人展示自己多次失败的经历，现实的烦恼，给人以成功不易、成功者也有难言之隐的感觉；那些专业拔尖的人，最好显示出自己对其他领域的不精通，透露自己在日常生活中也曾洋相百出、受过窘迫等。

示弱是强者在感情上安抚暂时在某些方面处于下风的弱者的一种有效手段。它能够有效地缓解你身边的弱者对你的敌视，让他们在心理上获得些许平衡，减少或消除你前进道路上可能产生的破坏因素。把表面的风光让给别人，把沉甸甸的利益留给自己，何乐而不为？

好的领导者如空气

最好的领导方式应该是空气式的领导。空气看不见摸不着，所以不给人没有意义的压力，正如好的领导给员工的压力是生活所必需的压力，是员工自我鞭策自加的压力；但空气却无处不在，人们离不了空气，当一个领导使企业离不开时，说明了领导对公司发展的价值。领导的思想、理念，所传递的制度规范也要弥漫在企业的每个角落，能达到这种境界的领导才是真正高明的领导。

美国纽约有一家动物园，动物园因为人手不够，就从社会上招聘了一批饲养员。其中有一位特别爱干净，对小动物也特别有爱心，所以他每天都把小动物的屋子打扫得干干净净。可是事与愿违，那些小动物一点儿也不领他的情，在干净舒适的环境里，它们都慢慢变得萎靡不振，有的生病，有的厌食，一个个日渐消瘦。

到底是什么原因呢？这位饲养员很苦恼，就去请教有经验的人。别人告诉他：那些动物都有自己的生活习性，有的喜欢闻到那混浊的臊气，有的看到自己的粪便反而感到很安全。只有尊重它们的生活习性，它们才会健康成长。

这个故事对于企业管理相当有寓意。有效的管理必须针对组织内个体的需求，包容个体的差异性，并在此基础上灵活应对、多元管理，从而达到一个"和"的团队氛围。假如像故事中的饲养员那样，无视员工个体的差异，一味追求看似完美的统一，那么这样的组织最终一定会因抹杀了个体的个性而导致解体或僵死。

别让员工因你的责备而如坐针毡

《道德经》中说："夫兵者，不祥之器，物或恶之，故有道者不处。"这句话的意思是兵器是不吉祥的器具，连鬼神都厌恶它，因此有道的人远离而不用。这个思想对于今天的管理者来说，却有着不同的意义："责备"并不是有效领导的最好办法，如果随意滥用职权去责备、惩罚员工，不仅会滋长管理者的骄纵情绪，而且会极大地伤害员工的感情，使自己变成一个失去民心的暴君式领导者。

当员工做错了某件事的时候，公司管理者的指责可能是必要的。然而，并不是所有的批评都可以达到这样的目的，因为批评和被批评的过程通常不是在平心静气中进行的，并且当员工遭受到过多批评时情况更加糟糕。英国行为学家 I.W. 波特说过："当遭受许多批评时，下级往往只记住开头的一些，其余的就不听了，因为他们忙于思索论据来反驳开头的批评。"所以说，公司管理者整天把员工的某个错误挂在嘴上，反复唠叨，这对员工来说是一种无形的压力，不仅不利于员工自身的发展，也会使领导者的形象大打折扣。

人有被赞扬、被肯定的心理需要，最佳工作效率来自高涨的工作热情。在员工认识到自己的错误后，公司管理者应该立即结束批评。一般情况下，表扬、激励员工效果可能比批评更好。在对员工提出批评的时候，最佳效果是让员工感到他们的确从批评中学到了什么才可以。要着力去培养员工一种"对大局有利，对公司发展有利"的好思维方式。因此，作为公司管理者，要做的就是像对待朋友一样去对待员工。

闻名于世的洛克菲勒告诉世人，他成功的秘诀不完全只是依靠自己的"吝啬"，更重要的是他从来不会在员工犯错之后，只是盯着他们的错误没完没了地大加指责。爱德华·贝佛是洛克菲勒的一位生意合伙人，由于一时大意，爱德华·贝佛在南美经营一桩生意时出了差错，使公司在一夜之间损失近百万美元。差不多所有的人都认为，贝佛一定会遭到洛克菲勒的痛斥。没想到最后洛克菲勒只是对他说："恭贺你保全了我们全部投资的60%，这很不错，我们没有办法做到每次都这么幸运。"

责备并不是最好的教育方式

杰克有两个哥哥，兄弟三人和父母相亲相爱，家庭很和睦。有一年秋天，三兄弟驾车一起到郊外旅游。两个哥哥已经有丰富的驾驶经验。杰克刚满16岁，几个星期前才把驾照考下来。大哥和二哥商量后决定：繁华的市区由他们两人驾车，到人烟稀少的地方就让杰克练练手。到了郊外，杰克开着车，兴奋得有说有笑，不知不觉地把行车速度提高了很多。在一个十字路口，在红灯亮起来之前他没能如愿地闯过路口，反而和一辆从侧面驶过来的大卡车相撞，大哥当场死亡，二哥头部重伤，杰克自己也腿骨骨折。

他们的父母接到这个消息后，马上赶到了医院。杰克很内疚，本以为父母会责怪他，没想到父母只是紧紧地将他和二哥抱在一起，默默地流泪。过了一会儿，父母擦干他们脸上的泪，像是什么也没发生过一样开始谈笑。当时杰克父母的行为真的很出乎所有人的意料——对于两个幸存的儿子，尤其是杰克，父母始终和蔼可亲，像往常一样。

好几年过去了，杰克问父母，那时候为什么没有责备他，因为大哥正是死于他闯红灯造成的车祸。父母只是淡淡地说："你大哥已经离开了，不论我们再说什么或做什么，都无法使他起死回生，但是你还有漫长的人生。如果我们责备你，就会使你背负起'大哥的死亡是因为我'这样沉重的包袱，那么你也会因此而失去快乐、健康和美好的生活。"多么明智的父母啊！

从这个例子我们可以体悟到，事后的责备并不是重要的，有时候它根本毫无用处，最重要的永远是人的心灵和未来。只有不够聪明的人才毫无止境地指责和抱怨他人。企业管理者应该像杰克父母一样善解人意，关注员工的未来工作，而不是抓住过去的错误不放手，只有这样，才能达到无往而不利的绝妙效果。

让下属成为英雄是你的荣耀

生养万物而不占有，培育万物而不倚仗，功业成就而不居功。这就要求管理者借力而行，放手让员工自己去干，为下属搭建舞台，给员工以充分实现个人价值的发展空间。

现代企业作为社会经济生活中最具活力的领域和组织形式，往往被员工视为展示自我、实现自身价值的最佳平台。企业管理者要在人事安排上多费心思，力求做到尽善尽美；要充分考虑员工个人的兴趣和追求，帮助他们实现职业梦想。管理者必须营造出某种合适的氛围，让所有的员工了解到，他们可以从同事身上学到很多东西，与强者在一起只会让自己更强，以此来帮助他们充满激情地投入工作——而不是停在那里，对他们的际遇自怨自艾。

著名科学家爱因斯坦说过："通常，与应有的成就相比，我们只能算是'半醒者'，大家往往只用了自己原有智慧的一小部分。"因此，对于领导者来说，最好的管理之道就是鼓励和激励下属，让他们了解自己所拥有的宝藏，善加利用，发挥它最大的神奇功效。其实，从某种意义上来说，下属的成功就是领导者的成功，帮助下属成功也是领导者赢得下属追随的最好办法。

领导者必须有这样一种胸怀，为别人的成就打上聚光灯，而不是为自己的成就打灯。他们应让别人成为组织里人人皆知的英雄，正如一位成功企业家所说的："如果最高领导者从来都不让他的员工分享权力，分享成功的荣誉，而是把功劳全往自己身上堆，那谁还会跟着他干呢？除非是傻瓜。"

聪明而懒惰的人往往是卓有成效的管人者

李启明是北京一家著名房地产公司的总经理，也是一位精于授权的领导者。他很少介入具体的管理工作，公司的经营管理、具体业务方面的事情他出面的时候很少，甚至厂商都不认识他，李启明也很少和厂商打交道。他倾向于把人员组织起来，把责、权、利充分地授权下去，考核结果。只有发现结果不大对劲的时候，才去看一看，这人有没有选对？李启明很不喜欢介入到具体事情的过程里面去。

李启明有七个知根知底、合作多年、十分能干的副总，所以，他就可以"啥具体事也不用管"。"我不可能帮他们做他们分管业务的事，我的思路可能和他们不一样。我做浅了，他们不满意；我做深了，又可能会对他们的风格产生影响，这样更麻烦。"

李启明经常出差，去各专卖店转转，"不是具体指导他们做什么，就是和经理们聊聊，也不解决什么问题，别人一提什么问题，我就说，好吧，你这事跟副总经理李为说说。我要做的主要是人际方面的沟通，以及看看不同城市市场的变化情况"。真正需要李启明做的事，通常是晚上和人吃饭、谈贷款、谈合作、沟通联络等等。白天，李启明没有具体明确的事要做，就可以自由安排自己想做的事，给专卖店经理打打电话，上网逛逛，或者看看报，李启明有时一看报纸就看半天。

李启明之所以能如此地潇洒清闲，一方面是因为他有一批精明能干的副总，另一方面是因为他懂得什么时候应该把权力下放给下属，什么事情应该由自己来决定。当企业发展到一定规模的时候，确实需要领导者从具体烦琐的事务性劳动中解脱出来，去考虑更为宏观的事情。

因势利导才能激发出下属的潜能

有这样一个浅显的道理：木头和石头的特性是放在平坦的地方就安稳，放在陡斜的地方就容易滚动，方形的就稳定，圆形的就易滚动。而善于因势利导的将帅指挥作战，就像滚动木石一般，所造成的有利态势，如圆石从几千尺的高山上飞滚下来，不可阻挡，这就是所谓的"势"。

曾兴盛一时的日本理工公司，突然之间生意冷清，毫无盈余，但仅仅3年之后，公司又再次强盛起来，在这个由衰转盛的过程中，领导者因势管理员工起了关键性的作用。

一开始，理工公司的老板村清就把公司重建的责任，交给一群30岁左右的有活力的年轻人，这样就能充分调动他们的积极性。村清在发表经营计划的同时，也宣布了年内薪水提高2倍，希望扫除员工们萧条时期遗留的失望心理。

调薪就是为了激起员工的工作士气，事实证明这个办法果然非常有效。原来对于调薪之事半信半疑的员工，突然之间也士气高昂，工作充满了干劲，将原来低沉的气氛一扫而空。

实际上，员工的工资在两年内只调升了 30% 左右，但员工的愿望多数已经得到了满足，从而改变了他们对待工作的态度。然而好景不长，由于上调薪水损害了股东的利益，引起有往来业务的银行的抗议，但是村清仍毅然决然地继续对员工履行加薪的承诺。因为他知道，如果此时停止加薪，那么他刚刚调动起来的员工的激情将白白浪费掉。他始终坚信只有把握住员工焕发出来的力量，才能管理好公司，才能激发出员工的热忱。

因势管理的前提是能在下属中创造出这种"势"能，然后投其所好，以此鼓励员工发挥自己的余力，达到干出新成绩的目的。因势利导才能因势而成，这里最关键的是不能中途改变，热情方能持久。

管人不如管心

大名鼎鼎的西门子公司有个口号叫作"自己培养自己"。它是西门子发展自己文化和价值体系的最成功的办法，反映出了公司在员工管理上的深刻见解。和世界上所有的顶级公司一样，西门子公司把人员的全面职业培训和继续教育列入了公司战略发展规划，并认真地加以实施，只要专心工作，人人都有晋升的机会。此外，西门子还把相当的注意力放在了激发员工的学习愿望、引导员工不断地进行自我激励、营造环境让员工承担责任、在创造性的工作中体会到成就感等方面，让员工能和公司共同成长。

云南某化工公司是我国的一家知名企业，它有着 30 多年历史，是磷肥行业中的知名企业，该公司现有员工 1 600 多名，2004 年销售收入为 15 亿元。之所以有如此卓越的成绩，是因为从 2003 年起，公司就开始推行自我管理的"诚信自律"班组活动，强调给予员工足够的信任和尊重，让班组和员工自愿提出申请，在安全生产、劳动纪律、行为规范、现场管理、生产技能提高等方面进行自我管理，员工自己制定各项行为准则和规章制度，并签署承诺书，自己说到的就要做到，同时自觉改正错误行为，不断提高管理水平。该公司董事长如此说："推行诚信自律班组，有助于增强管理者与员工的相互尊重和信任，进一步改善公司员工的工作氛围，降低管理成本，从而提高工作的效益。"

这两个案例有效地说明了"道之以政，齐之以刑，民免而无耻；道之以德，齐之以礼，有耻且格"这个道理。对于管理者而言，员工的自我约束力是最好的管理制度，是企业事半功倍的法宝。当然了，员工自我管理虽然是一种切实可行的积极的目标，但要真正做到却非常不容易，不仅需要领导者和管理者具备帮助、引导、培训的种种技巧，还需要极大的热情、耐心，以及正确的信仰。

三个臭皮匠赛过一个诸葛亮

中国有句谚语"三个臭皮匠赛过一个诸葛亮"，臭皮匠常有，而诸葛亮不常有，所以我们在现实的管理中要善于采纳众人的意见，以达到集思广益的效果。

在通用电气公司里，每年约有2万—25万名员工参加"大家出主意"会，时间不定，每次50—150人。在这个大会上，主持者通过引导大家坦率地陈述自己的意见，及时找出生产上存在的问题，以便改进管理，提高产品和工作质量。

每年1月，公司的500名高级经理在佛罗里达州聚会两天半；10月，100名主要领导又开会两天半；最后30—40名核心经理则每季开会两天半，集中研究反映的问题，做出准确而又及时的决策。

当基层召开"大家出主意"会时，各级经理都要尽可能下去参加。韦尔奇带头示范，他常常只是专心地听，并不发言。开展"大家出主意"活动，给公司带来了生气，取得了很大成果。如在某次"出主意"的会上，有个职工提出，在建设电冰箱新厂时，可以借用公司的哥伦比亚厂的机器设备，哥伦比亚厂是生产压缩机的工厂，与电冰箱生产正好配套，如此"转移使用"，节省了一大笔开支。这样生产的电冰箱将是世界上成本最低的、质量最好的。

开展"出主意"活动，除了在经济上带来巨大收益之外，更重要的是使员工感到自己的力量，精神面貌大变。经过韦尔奇的努力，公司从 1985 年开始，员工减少了 11 万人，利润和营业额却翻了一番。

从通用电气这个"出主意"活动我们可以看出，那些很有见地的意见并不是都来自于公司高管。所以公司里的每一个人都应该有发言权，集众人之长才能为企业不断地注入新的活力。

最好的管理是没有管理

武术界经典传言："无招胜有招，最厉害的招式就是没有招式。"综观优秀企业的管理模式和经验，尽管它们拥有着最为完善的制度体系和文化体系，但它们对管理的终极追求是最好的管理就是没有管理，从而使各项制度形同"虚设"。

在德国的主要航空和宇航企业 MBB 公司，可以看到这样一种情景：上下班时候，员工把专门的身份 IC 卡放入电子计算器，马上显示当时为止本星期已工作时间多少小时。MBB 公司允许员工根据工作任务、个人方便等与公司商定上下班时间。原来该公司实行了灵活的上下班制度，公司只考核员工工作成果，不规定具体时间，只要在要求时间内按质量完成工作任务就照付薪金，并按工作质量发放奖金。这种灵活机动的工作时间，不仅使员工免受交通拥挤之苦，还使他们感到个人权益受到尊重，从而产生强烈的责任感，工作热情也有所提高，公司因此受益匪浅。

法国斯太利公司也同样摒弃了条条框框，对员工实行非常人性化的管理。该企业根据轮换班次的需要和生产经营的要求，把全厂职工以 15 人一组分成 16 小组，每组选出两名组长：一位组长负责培训，召集讨论会和做生产记录；另一位组长负责抓生产线上的问题。厂方只制订总生产进度和要求，小组自行安排组内人员工作。小组还有权决定组内招工和对组员奖惩。企业的这种放权行为，不仅没有耽误生产，还使得该公司的生产力激增，成本明显低于其他企业。

从这两个例子我们可以明显看出，企业通过实行人性化的管理，不仅能加强员工的自我认同感，也能加深员工对企业的忠诚度，使员工具备强烈的主人翁责任感，最终达到工作上的高效率、高质量。

让员工实现自我管理

管理者和员工就像一对天生的"仇敌"，他们似乎处在矛盾的对立面，永远无法调和。在工作中，大多人都抱怨过老板忽视自己的意见，用指挥、命令的方式来行使领导的权力，甚至经常无情地批评与训斥下属。而同样，老板对员工也经常感到不满意，他们认为员工不服从管理、不遵守制度、生产技能不够、懒惰、效率低下等。对于这种冤家似的矛盾，美国学者肯尼思·克洛克与琼·戈德史密斯曾在合著的《管理的终结》中分析指出，管理的终结不应是强迫式的管理，即利用权力和地位去控制他人愿望，而应是"自我管理"。

许多企业在推行人本管理的过程中花费了大量的时间和精力，效果却不甚理想。为什么呢？就是没有紧紧抓住最为关键的那个部分——帮助和引导员工实现自我管理。因为，现代企业的员工有更强的自我意识，工作对他们来说不仅意味着生存，更重要的是，他们要在工作中实现自己的价值。一个公司管理者，假如没有认识到这一点，那就无法赢得他的下属，他的公司也同样无法获得成功。

戴明博士是美国管理界的权威，曾被誉为"质量管理之父"。他曾经讲过这样一个案例：一个日本人受命去管理一家即将倒闭的合资美国工厂，他只用了3个月的时间就使工厂起死回生并且盈利了。为什么呢？原来道理很简单，那个日本人解释道："只要把美国人当作是一般意义上的人，他们也有正常人的需要和价值观，他们自然会利用人性的态度付出回报。"可见，真正的"人性化管理"，是帮助和引导员工实现自我管理，而并不是要求员工完全按照已经全部设计好的方法和程式进行思考和行动。

独断专行是领导者的大忌

因为所处的位置和权力欲的膨胀，一般来说领导者最容易犯的错误就是独断专行，一言堂，一个人说了算。然而令人遗憾的是，凡喜欢独断专行的人，没有不犯错误的，并且最终也不能成就大事，因为他们往往得不到下属和群众的拥护。

苹果电脑的创始人史蒂夫·乔布斯是信息产业界第一个登上《时代周刊》封面的人物。乔布斯22岁开始创业，只用了4年的时间，就从"一文不名"变成了拥有2亿多美元个人财富的大富豪。但是正是如此迅速的成功使他完全陶醉在了成功的喜悦之中，从而在荣誉之中迷失了自我。乔布斯没有受过任何管理方面的培训，对企业的管理一窍不通，但是他也不屑于去学习。他越来越迷恋于自

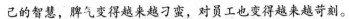

己的智慧，脾气变得越来越刁蛮，对员工也变得越来越苛刻。

公司里的员工看到他之后都像瘟疫一样避开，公司上下对他排斥得也很厉害。乔布斯再也融入不到苹果电脑公司的整个团队中。就连他亲自聘请的高级主管，原百事可乐公司饮料部总经理斯卡利都公然宣称："有乔布斯在苹果公司，我就无法执行任务。"最后，乔布斯缺乏团队精神的行为最终使董事会愤怒了，他们解除了乔布斯的行政职务，只让他专任董事长一职。乔布斯因此一怒之下出走，离开了自己一手创办的苹果公司。

对于苹果公司来说，乔布斯是优秀得无可替代的创始人，但对于苹果公司的整个经营团队来说，他又是一名糟糕透顶、无法胜任的员工，因为缺乏团队精神，使得作为老板的他也不得不被排斥。

在管理中实现"无为而治"

春秋社会末期，道家学派创始人老子在《道德经》中提出了这样一种无为而治的统治思想："我无为而民自化，我好静而民自正，我无事而民自富，我无欲而民自朴""为无为，则无不治"。20 世纪 70 年代，西方管理学界提出"不存在最好的管理方法，一切管理必须以时间、对象为前提"的权变管理方法，20 多年来一直在管理学界经久不衰。管理的最高境界就是不用管理，"管理"是相对而言的，没有绝对的好，也没有绝对的不好，它是一个辩证统一的有机体。

要实现管理上的"无为而治"，应建立在下列几个前提之上：

1. 建立系统化、制度化、规范化、科学实用的运作体

科学的运作体系是企业高效运行的基础，用科学有效的制度来规范员工的行为，来约束和激励大家对企业管理非常重要。

2. 具备强大领导力的领导者带领的一个高绩效的团队

高绩效的领导者要会发挥自己的影响力，要会激励下属，辅导下属，又会有效地授权。他既要有高瞻远瞩的战略眼光，制订中长短期战略目标，又要有强的执行力，把组织制定的目标落实到位，这样才会有好的结果。

3. 建构好的企业文化，用好的文化理念来统领员工的行为

企业既是军队、学校，又是家庭，要能够让员工提高自己的职业素养和综合性的素质能力，又能体会到大家庭的温暖。企业更具凝聚力、团队精神，要能留住员工的心，使企业与员工能共同发展，共同进步。

管理上切忌个人英雄主义

在楚汉争霸中，刘邦之所以成功而项羽之所以落得乌江自刎，其实与两人在管理上的不同方法大有关联。刘邦最大的优点就在于善于听取下属的意见，从而能把握决策的最佳时机。与刘邦相反，项羽最大的弱点恰恰在于不愿听从下属的意见和建议，常常喜欢自己独断专行，有严重的个人英雄主义倾向。

当年项羽在鸿门摆下了鸿门宴，邀请刘邦赴宴，这应该是消灭刘邦的最好时机，但是他又犯了严重的个人英雄主义错误，从而错失了大好的时机。

在宴会前，他没有进行周密的部署，也没有与大家进行很好的商量，更没有在自己的高级将领中统一思想，达成共识，以致项伯和自己左右手重要谋士范增做出了不同的反应。尽管范增再三举起了自己的佩玉，暗示项羽要下定决心，机不可失，时不再来。但

是，项羽始终犹豫不决，认为在此时刺杀刘邦不是一个英雄所应该做的。范增发现项羽下不了决心，就私自找了项庄进入酒宴，以舞剑为名借机刺杀刘邦。然而，由于事先没有统一思想，达成共识，结果项羽集团的另一个重要人物项伯站出来，破坏了这一次的刺杀行动。为了保护刘邦，项伯也拔出了自己的佩剑与项庄一起对舞，最终使刘邦全身而退。项羽的独断专行使其失去了灭掉刘邦的最好机会。

通过以上的事例，我们可以明白一个道理——个人英雄主义是难成大事的。

放下架子才能指挥别人

李江现在是广东一家合资企业的董事长，但是在他年轻的时候，却因为自己工作上急于求成而被贬到一家分公司去担任营销经理。到职时，在欢迎酒会上，他一不善喝酒，二不善辞令，由此给老职员们留下了一个很不好的印象。因此，他在分公司一度很被动，工作开展不起来。

这样过了大半年后，在过年前夕，举办同乐会，大家要即兴表演节目。这时李江在同乐会上唱了几句家乡戏，赢得了热烈的掌声。连他自己也没想到，那些一向对他敬而远之的部下们，会因此而对他表示如此的亲近和友好。此后他还在分公司成立了一个业余家乡戏团。从此，他的部下非常愿意和他接近，有事都喜欢跟他谈，他于是从过去令人望而生畏的人变成了可亲可敬的人。在分公司无论多难办的一件事，只要经他出面，困难就会迎刃而解，事情定能办成。由此，这个分公司的生产突飞猛进。因为他工作有能力，而且如此得人心，后来他荣升为这个公司的董事长。

他升为董事长后，有一次在工厂开现场会，全公司的头面人物都出席了。会上大家都为本年度的好成绩而高兴，于是公司总裁的秘书小姐提议使大家在高度欢乐的氛围中散会。她想出一个办法，把一个分公司的副经理抛到喷泉的池子中去，以此使大家的欢乐氛围达到高潮，总裁同意这位小姐的提议，就和这李江打招呼，李江表示这样做不妥，并决定由他自己——公司最高领导者，在水池中来一个旱鸭子游水。

李江转向大家说："我宣布大会最后一个项目就是秘书小姐的建议，她叫我在水池中来一个旱鸭子戏水，我同意了，请各位先生注意了，我就此做表演。"于是他跳入池中，游起泳来，引得参加会议的几百人哄堂大笑……

事后总裁问他："那天你为什么亲自跳下水池，而不叫副经理下去呢？"李江回答说："一般说来，让那些职位低的人出洋相，以博得众人的取笑，而职位高的人却高高在上，端着一副架子，使人敬畏，那是最不得人心的了。"李江一席话唤醒了总裁，使他和李江一样平时注意贴近部下，学到了办好企业的招数。

第七章

学会放风筝，让员工自己奔跑

最有效的 13 条激励法则

员工是企业生存与发展的基石，企业要发展，就必须依赖员工的努力。因此，激励员工发挥所长，贡献其心力，是领导者的首要责任。

以下介绍 13 种激励法则，帮助员工建立信任感，激励员工士气，使员工超越巅峰，发挥他们的创造力、热情，全力以赴地工作：

（1）不要用命令的口气。好的领导者很少发号施令，他们都以劝说、奖励等方式让员工了解任务的要求，并去执行，尽量避免直接命令，如"你去做……"等。

（2）授权任务而非"倾倒"工作。"授权"是管理的必要技巧之一。如果你将一大堆工作全部塞给员工去做，便是"倾倒"，这样员工会认为你滥用职权；而授权任务则是依照员工能力派任工作，使他们得以发挥所长，圆满地完成。

（3）让员工自己做决定。员工需要对工作拥有支配权，如果他们凡事都需等候上司的决策，那么他们就容易产生无力感，失去激情。不过员工通常并不熟悉做决定的技巧，因此领导者应该告诉员工，不同的做法会有哪些影响，然后从中选择。

（4）为员工设立目标。设立目标比其他管理技能更能有效改善员工表现，不过这些目标必须十分明确，而且是可以达到的。

（5）给予员工升迁的希望。如果公司缺乏升迁机会，领导者最好尽量改变这种情况，因为人如果有升迁的希望，可激励他努力工作。假如你不希望以升迁机会提高人事成本，起码也要提供一些奖励办法。

（6）倾听员工的意见，让他们感觉受到重视。尽可能每周安排一次与员工聚会，时间不用很长，但是借此机会员工可以表达他们的想法与意见，而领导者则应用心记录谈话内容，以便采取行动。

当然，你未必同意每位员工的要求，但你不妨用心倾听，因为员工会因为你的关心而努力工作，表现更好。

（7）信守诺言。好的领导者永远记得自己的承诺，并会采取适当行动。如果你答应员工去做某些事，却又没有办到，那将损失员工对你的信赖。

因此，你不妨经常携带笔记本，将对方的要求或自己的承诺写下来，如果短期内无法兑现，最好让员工知道，你已着手去做，以及所遇到的困难。

（8）不要朝令夕改。员工工作需要连贯性，他们希望你不要朝令夕改，因此如果政策改变，最好尽快通知，否则员工会觉得无所适从。

（9）及时奖励员工。每当员工圆满完成工作时，立刻予以奖励或赞美，往往比日后的调薪效果好。赞美与惩罚比例，应该是4：1。

（10）预防胜于治疗，建立监督体系。每天检视公司动态与员工工作进度，以便在出现大问题以前，预先了解错误，防患于未然。

（11）避免轻率地下判断。如果领导者希望员工能依照自己的方法工作，必然会大失所望。因为，每个人处理事情的方式不同，你的方法未必是唯一正确的。所以，最好避免轻率地断言员工犯错误，否则会影响对他们的信任感，甚至做出错误的决策。

（12）心平气和地批评。批评也是激励的一种方式，然而批评必须掌握方法，激烈的批评只会让员工感染到你的怒气，并产生反抗情绪，只有心平气和的批评才能让员工了解自己的失误，并感受到你对他的期待，才能对员工产生激励的效果。

（13）激励员工办公室友谊。让员工们在工作中有机会交谈，和谐相处。因为许多人愿意留在一个单位工作，是他们喜欢这个环境与同事。因此，不妨经常办些聚会，增进员工间的感情。员工们在人和的气氛下工作，必然会更有创造力，更有活力。

建立完善有效的激励机制

强化工作动机可以改善工作绩效，诱发出员工的工作热情与努力。这里强调的是领导者所做的一切努力只是一个诱发的过程，能真正激励员工的还是他们自己。

要想冲破员工们内心深处这道反锁的门，你必须要好好地谋划一番，为你的激励建立一个有效的机制。那么，一个有效的激励机制应该具备哪些特征，符合什么样的原则呢？

（1）简明。激励机制的规则必须简明扼要，且容易被解释、理解和把握。

（2）具体。仅仅说"多干点"或者说"别出事故"是根本不够的，员工们需要准确地知道上司到底希望他们做什么。

（3）可以实现。每一个员工都应该有一个合理的机会去赢得某些他们希望得到的东西。

（4）可估量。可估量的目标是制定激励机制的基础，如果具体的成就不能与所花费用联系起来，计划资金就会白白浪费。

一个高效激励机制的建立，企业的领导者需要从企业自身的情况，以及员工的精神需求、物质需求等多方面综合考虑，更新管理观念与思路，制定行之有效的激励措施和激励手段。具体来说，应该做到以下几点：

1. 物质激励要和精神激励相结合

领导者在制定激励机制时，不仅要考虑到物质激励，同时也要考虑到精神激励。物质激励是指通过物质刺激的手段来鼓励员工工作。它的主要表现形式有发放工资、奖金、津贴、福利等。精神激励包括口头称赞、书面表扬、荣誉称号、勋章……

在实际工作中，一些领导者认为有钱才会有干劲，有实惠才能有热情，精神激励是水中月、镜中影，好看却不中用。因此，他们从来不重视精神激励。事实上，人类不但有物质上的需要，更有精神方面的需要，如果只给予员工物质激励，往往不能达到预期的效果，甚至还会产生不良影响，美国管理学家皮特就曾指出："重赏会带来副作用，因为高额的奖金会使大家彼此封锁消息，影响工作的正常开展，整个社会的风气就不会正。"因此，领导者必须把物质激励和精神激励结合起来才能真正地调动广大员工的积极性。

2. 建立和实施多渠道、多层次的激励机制

激励机制是一个永远开放的系统，要随着时代、环境、市场形势的变化而不断变化。因此，领导者要建立多层次的激励机制。

多层次激励机制的实施是联想公司创造奇迹的一个秘方。联想公司在不同时期有不同的激励机制，对于20世纪80年代的第一代联想人，公司主要注重培养他们的集体主义精神和满足他们的物质需求；而进入90年代以后，新一代的联想人对物质要求更为强烈，并有很强的自我意识，基于这种特点，联想公司制定了新的、合理的、有效的激励方案，那就是多一点儿空间、多一点儿办法，制定多种激励方式。例如让有突出业绩的业务人员和销售人员的工资和奖金比他们的上司还高许多，这样就使他们能安心现有的工作。联想集团始终

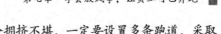

认为只有一条激励跑道一定会拥挤不堪，一定要设置多条跑道，采取灵活多样的激励手段，这样才能最大限度地激发员工的工作激情。

3. 充分考虑员工的个体差异，实行差别激励的原则

企业要根据不同的类型和特点制定激励机制，而且在制定激励机制时一定要考虑到个体差异：例如女性员工相对而言对报酬更为看重，而男性员工则更注重提升能力、得到升迁；在年龄方面也有差异，一般20—30岁之间的员工自主意识比较强，对工作条件等各方面要求比较高，而31—45岁之间的员工则因为家庭等原因比较安于现状，相对而言比较稳定；在文化方面，有较高学历的人一般更注重自我价值的实现，他们更看重的是精神方面的满足，例如工作环境、工作兴趣、工作条件等。而学历相对较低的人则首先注重的是基本需求的满足；在职务方面，管理人员和一般员工之间的需求也有不同。因此企业在制定激励机制时一定要考虑到企业的特点和员工的个体差异，这样才能收到最大的激励效力。

4. 领导者的行为是影响激励机制成败的一个重要因素

领导者的行为对激励机制的成败至关重要，首先，领导者要做到自身廉洁，不要因为自己多拿多占而对员工产生负面影响；其次，要做到公正不偏，不任人唯亲；再次，领导者要经常与员工进行沟通，尊重支持员工，对员工所做出的成绩要尽量表扬，在企业中建立以人为本的管理思想，为员工创造良好的工作环境。此外，领导者要为员工做出榜样，通过展示自己的工作技术、管理艺术、办事能力和良好的职业意识，培养下属对自己的尊敬，从而增加企业的凝聚力。

建立有效的、完善的激励机制，除了做到以上几点之外，还要注意两方面的问题：

（1）要认真贯彻实施，避免激励机制流于书面。

很多领导者没有真正认识到激励机制是其发展必不可少的动

力源，他们往往把激励机制的建立"写在纸上，挂在墙上，说在嘴上"，实施起来多以"研究，研究，再研究"将之浮在空中，最终让激励机制成为一纸空文，没有发挥任何效果。领导者一定要避免这种情况的发生，将激励机制认真贯彻实施。

（2）要抛弃一劳永逸的心态。

企业的激励机制一旦建立，且在初期运行良好，领导者就可能固化这种机制，而不考虑周围环境的变化和企业的变化，这往往会导致机制落后，而难以产生功效。领导者应该根据时代的发展、环境的变化不断改革创新激励机制。

人才是企业生存与发展的关键，如何在企业有限的人力资本中调动他们的积极性、主动性和创造性，有效的激励机制是必不可少的。因此，领导者一定要重视对员工的激励，根据实际情况，综合运用多种方式，把激励的手段和目的结合起来，改变思维模式，真正建立起适应企业特色、时代特点和员工需求的有效的激励机制，使企业在激烈的市场竞争中立于不败之地。

靠"竞赛机制"说话

在管理员工时，适当运用"竞赛机制"，可以调动员工的积极性。毕竟每个人都希望自己的价值能得到大家的肯定，而竞赛这种机制给员工提供了一个可靠的平台，在这个平台上，任何一个员工，只要他有能力，都可以得到相应的奖励，同时大家的尊重和敬佩还会强化其工作成就感。竞赛透明度越高，员工的公平公正感就越强，所受到的激励也就越强。

对于领导者来说，使用竞赛这种机制，不但可以调动员工的情绪，还可以解决一些平时想解决的发展"瓶颈"问题。

2008 年底，深圳某公司受金融危机影响，在 9—12 月生产任务不足，工人们若不减员就得减薪。公司董事长一筹莫展，裁员和减薪都是他不愿意走的路，怎么办呢？最后，他决定开办一场节能降耗的劳动竞赛。竞赛举办期间，生产成本骤降。董事长又决定改革劳动竞赛的形式和竞赛奖金发放办法，将劳动竞赛纳入行政管理中，竞赛奖金半个月一发放。这一劳动竞赛机制不仅解决了企业面临的问题，推动了企业发展，也为一线职工增加了收入，可谓一举多得。

竞赛机制的作用由此可见一斑。但并不是所有的竞赛都能起到激励作用，这就要看领导者制定的竞赛规则如何。那么，作为一名领导者，应该如何制定一种合理的竞赛规则呢？

（1）竞赛要得到大多数下属的认同。

竞赛要能体现组织目标与个人目标的统一，使下属真正从思想上接受，从而激励他们为达到目标的要求而努力奋斗。因此，竞赛条件要交给下属去讨论，使之得到大多数人的认同。

（2）竞赛条件要具有可比性，参与竞赛的人的条件应大致相同，这样才能反映出各自的努力程度，才能起到激励作用。

在体育竞赛里，举重比赛按参赛运动员的体重不同来分级，女子为七个级别：48公斤级、53公斤级、58公斤级、63公斤级、69公斤级、75公斤级、75公斤以上级等几个级别。同样，组织里的竞赛机制也需要在一定的级别内进行比较，以免让下属觉得不公平而不愿意参加。比如，没有任何经验的新员工如果被安排与经验丰富的老员工一起竞赛，那么就有失公平。

（3）竞赛条件要定得适当合理，使人们通过一定的努力就可以达到。

竞赛要符合以下条件：每一位有能力的人都可以得到奖励，即使暂时没有能力的人，只要通过努力同样可以得到相应的奖励。这样，所有的人都会信任这样的竞争，而不会心里有不平衡的感觉，不会抱怨"不给我机会，却怪我没有本事"。

为了满足这个条件，领导者可以适当多开展一些竞赛活动，因为每个能够进入组织的人肯定都有自己的一技之长，如果每个人在经过努力之后都能得到奖励，那么这种激励就会大受欢迎，而且同时会促进下属的工作积极性。领导者还可以拉长某项竞赛活动的时间，比如，前面说的节约成本竞赛，可以作为一个长期的项目，每个月按照相应的标准进行考核，给予现金奖励，这会在下属中间形成一种节约成本的风气。

（4）根据形势的变化随时改变竞赛的条件，要能随着社会的进步而提高，从而使其能持续地发挥激励作用。

总之，竞赛机制是领导者调动下属工作积极性的一种有效手段，只是要想让其有效地发挥激励作用，提高整个团队的工作效率，领导者还需要不断地研究改革举办竞赛所需要满足的条件，以便把所有的下属都团结在自己的工作观念里。

"竞赛机制"是目标激励的一种具体形式。竞赛在任何一个组织内部或组织之间都是客观存在的，它所包含的利益驱动可以极大地调动下属的工作积极性。当然，这种利益驱动必须要建立在下属的劳动智慧和热情之上，而不是下属无法达到的其他的条件之上，否则，竞赛机制就会失去其特性。

试一试"蘑菇管理"法

"蘑菇定律"指的是初入职场者因为特长没有显现出来，只好被安排在不受重视的部门干跑腿打杂的工作，好比蘑菇总是被置于阴暗的角落，要受到无端的批评、指责、代人受过；好比蘑菇总是莫名其妙地被浇上一头大粪，得不到必要的指导和提携；好比任蘑菇自生自灭。据说，"蘑菇定律"是 20 世纪 70 年代由一批年轻的电脑程序员"编写"的，这些独来独往的人早已习惯了人们的误解和漠视，所以在这条"定律"中，自嘲和自豪兼而有之。

卡莉·费奥丽娜从斯坦福大学法学院毕业后，第一份工作是在一家地产经纪公司做接线员，她每天的工作就是接电话、打字、复印、整理文件。尽管父母和朋友都表示支持她的选择，但很明显这并不是一个斯坦福毕业生应干的工作。但她毫无怨言，在简单的工作中积极学习。一次偶然的机会，几个经纪人问她是否还愿意干点别的什么，于是她得到了一次撰写文稿的机会，就是这一次，她的人生从此改变。这位卡莉·费奥丽娜就是惠普公司前首席执行官，被尊称为世界第一女首席执行官。

可见，其实有这样一段"蘑菇"的经历，并不一定是什么坏事，尤其是当一切刚刚开始的时候，当几天"蘑菇"，能够消除我们很多不切实际的幻想，让我们更加接近现实，看问题更加实际。

"蘑菇"经历对成长的年轻人来说，就像蚕茧，是羽化前必须经历的一步，如果将这个定律落于实处，需要从企业和个人两方面着手。

1. 企业

（1）避免过早曝光：他还是白纸，有理论难免会纸上谈兵。过早对年轻人委以重任，等于揠苗助长。

（2）养分必须足够：培训、轮岗等工作丰富化的手段是帮助人力资本转为人力资源的工具。

2. 个人

（1）初出茅庐不要抱太大希望：当上几天"蘑菇"，能够消除我们很多不切实际的幻想，让我们更加接近现实，看待问题也会更加实际。

（2）耐心等待出头机会：千万别期望环境来适应你，做好单调的工作，才有机会干一番真正的事业。

（3）争取养分，茁壮成长：要有效地从做"蘑菇"的日子中汲取经验，令心智成熟。

总之，"蘑菇管理"是一种特殊状态下的临时管理方式，领导者要把握时机和程度，被领导者一定要诚心领会，早经历早受益。

与员工共享成果

人人都有名利心，这是无可否认的事实，领导者也是凡人，也会向往名利，这也无可厚非。关键是在追求名利的过程中不要超过"度"，不要把员工的功劳据为己有。

领导者向上请功时，正确的做法是与员工分享功劳，分享成功的幸福和喜悦，而不应该独占功劳。假如领导者是个喜欢独占功劳的人，相信他的员工也不会为他卖力。因为喜欢独占功劳的人，往往会忽视员工的利益，让他的员工一无所获。这样的领导者，其行为可能会激起民愤。

有人常在私下里会说领导者："功劳是他的，荣誉是他的，好房由他住着，而我们什么也没有得到。"

这种情况很普遍，现代企业中一些领导者把员工的工作成果占为己有，又不能适当奖励他们，让员工觉得领导者偷取了他们的劳动成果。其实人人做事都希望被人肯定，即使工作未必成功，但终究是卖了力，都不希望被人忽视，不希望自己的果实被别人占取。

一个人的工作得不到肯定，是在打击他的自信心，所以作为领导者，切勿忽视员工参与的价值。

例如：在某大公司的年终晚会上，经理刻意表扬了两组营业成绩较佳的团队，并邀请他们的主管上台。第一位主管，好像早有准备似的，一上台便滔滔不绝地畅谈他的经营方法和管理哲学，不断向台下展示自己在年内为公司所做出的贡献，令台下的经理及他手下的员工，听了非常不满。

而第二位主管，一上台便多谢自己的员工，并庆幸自己有一班如此拼搏的员工，最后还邀请他们上台接受大家的掌声。当时台上、台下的反应如何不言而喻。

同样的管理，不同领导者的表现却有如此大的差别，像第一位那种独占功劳的主管，不但员工对其不满，经理也不会喜欢这种人。而第二位主管能与员工分享成果，令员工感到受尊重，日后有机会自会拼搏。而经理也会尊敬、敬重这种人。其实功劳归谁老板最清楚，不是你喜不喜欢与他人分享的问题。

因此，领导者应该经常轻松地提供令员工满意的回馈，如一句简短的鼓励或一句赞美的话。然而在许多例子中，有些领导者根本不愿意提供给员工任何工作表现良好的回报。当领导者不能给予员工适当的回馈时，员工便无从设计未来，他们会问自己的贡献受到肯定了吗？他们应该继续为这位领导者贡献心力吗？他们是否需要改善工作态度或能力，怎样才能有所改善等。

正如某公司的员工所说："我不觉得受到了重视。我的领导从不会对我斥责，也不批评，即使在工作中做出了很大的贡献，他也从来不会赞美，只把功劳占为己有。有时我怀疑他是否在乎我的感觉。我不能确定工作做得好坏有何影响，只能混天度日，拿死工资，这严重影响了我的工作情绪。"

可见，让员工分享企业的成功，把他们的利益与组织的成败直接联系起来，让他们对组织产生一种归宿感，这是领导员工的高境界，也应该是每个领导者都遵循的原则。因此，领导者要尽量做到：

1. 当上司表扬时，不忘举荐手下员工中的有功之臣，在上司面前赞扬他们

一句衷心的赞扬，不仅使上司感觉到本公司英才比比皆是，也

会让他认为你不居功自傲，懂得体贴下属，无形中，加深了其对你的好感，以后对你会更加关注，同时你的员工也会很感激你。

2. 在员工面前，一定要谨慎谦虚，不可张扬

一旦有成绩便居功自傲，必然会被员工讨厌，不愿再为你拼命效力。分享是对员工的最大激励。领导者一定要牢记此训，把成果与员工共享。这样做，一方面可以鼓舞员工的积极性，一方面还可以向所有人展示自己的高风亮节，淡泊名利。赢得了崇高的威望，你的工作无疑也会更加出色。

培养员工的自信心

作为一名聪明的领导者，要想让自己的团队保持团结一致，高效运转，就要调动员工的积极性，就要让员工在能够培植自信心的气氛中工作。因为自信心是一个有良好素质的员工不可或缺的创造源泉，也是影响一个人工作能力高低的重要因素。

自信心是一种奇妙的东西，它的提高会在人的内心产生一种能动的力量，促使个人发展完善，并因此让人把握住一条正确的途径。一个人如果丧失了自信心，那他整个人就会显得萎靡不振、毫无活力，而且是永无长进。

安东尼是一个性格内向的小伙子，平时沉默寡言，不擅长交际。参加工作后仍然如此，不管领导给他任何工作或任务，他的表现都不尽如人意。安东尼的经理为了恢复他的自信心，在对他进行一番详尽的了解后，经常对他进行鼓励和夸赞，并用心去发掘他不易被察觉的长处。

"你很不错，只是你自己没有发觉，你以前曾做过××事，那时候你的表现真是好极了。"

"不要管别人对你的看法，只要你不感到愧对自己就行，要堂

堂正正地挺起胸膛来。"

正是经理经常找出安东尼的优点，激励他勇往直前。安东尼才慢慢恢复了自信，工作也做得有声有色。

作为一名领导者，在培养员工的自信心时，最大的"阻碍因素"莫过于员工的自卑感了。不论哪个公司，总是存在着两三位有自卑感的员工。一旦自卑感作祟，他们就会丧失自信，使其本身能力降低。有自信的人会不断地提出方案，积极主动地面对工作。而有自卑感的人，因过于注重他人的言论，总顾忌着自己的一举一动是否惹人注意，会不会受到他人耻笑，因此总是不敢发表意见。他们总是跟着自信者的脚步，以他人的意见为意见，于是对自己越来越丧失自信，越来越自卑，最后竟然完全没有了个人思想。这样的员工是很难在工作上有所突破，很难干出优异的成绩来的。

因此，领导者要指导员工克服自卑心理，产生自信心。要在本单位、本部门消除上述现象，必须从以下几个方面加强训练：

（1）使其早日适应工作与团体组织。如果无法适应就无法产生自信，这点对新进员工尤为重要。

（2）赋予他较高的目标，让其独立完成。他如果成功了，从此便会信心大增。

（3）训练他们掌握自动解决问题的方法。只有依靠自己的力量解决问题才能产生信心。

（4）训练他们从事较高水准的工作。他们完成高水准的工作后，在兴奋之余就会产生自信心。

（5）称赞他。当人受到称赞时就会产生信心。当然，这种称赞应当是切合实际的，否则会起到相反的作用。

自信，可提高个人的工作意念。领导者一定要努力培养员工的自信性格，从而帮助员工时刻保持轻松的心情，敢于直面各种困难的考验和挑战。

按员工的性格秉性进行激励

在企业中，每一个员工都有自己的性格特点——有外向的，喜交际，有内向的，爱独处；有的安于熟练化、按部就班的岗位，有的偏好高风险、高挑战性的工作；有的长于管理团队，有的精于技术性工作……企业的领导者在日常管理中要花精力去了解和判断员工的性格特点、兴趣爱好，在进行激励的时候，要尽量与其性格、爱好和特长相匹配。这样既能激发员工的工作兴趣和热情，又能充分发挥其所长，取得事半功倍的成效，实现员工与企业的"双赢"。

某公司的何经理采取了许多提高员工工作动力的方法，如赞扬、发奖状、为员工提供更多的休息时间、公费旅游、发放奖金等方法激励员工的干劲。虽然何经理如此煞费苦心，但是员工并没有买他的账，没有因为他的奖励而提高工作动力。主要原因就是何经理犯了激励管理中的一个通病：没有因人而异地激发员工的动力，没有考虑员工性格特点的差异。

最后，何经理专门抽出两天的时间和每一个员工面对面地交谈，详细了解每个人的兴趣爱好、性格特点，非常认真地询问每个员工希望从工作中获得什么，最后确定每个员工在工作中寻找到的最有意义的动力源泉。他发现：××辛勤工作的最大动力是能够有机会不断提高自己的技术水平，而并不是多拿100块钱的奖金；××希望有自主决定工作方式的权力，这样他才会有更大的动力，而公费旅游对他没有任何吸引力；××不仅喜欢自己从事的工作，还喜欢与工作有关的社交活动……

何经理在收集了各种信息后，就针对不同的员工制定了不同的激励机制，采取了不同的激励手段。现在，他所领导的团队具有非常高的工作动力与热情。

由此可见，领导者在对员工进行激励时，要根据他们的性格特点选择不同的激励方式。只有"对症下药"，才能事半功倍。

对于那些有主见，喜欢按自己想法做事的员工，领导者要对他们的正确意见给予积极的肯定和赞扬，并且对他们进行充分的授权，给他们广阔的、自由的空间去施展才华，从而激发他们的主人翁精神，让他们更有干劲。

对于那些自卑感比较重，很少发表自己的意见的低调员工，领导者要多给予他们一些关注和鼓励。如果领导者长期忽视他们，他们就会渐渐消沉下去，甚至觉得自己在公司是可有可无的，就更谈不上任何积极性、主动性了。所以，领导者对这一类型的员工要多多关心和鼓励，例如经常询问一下他们的工作进度，经常对他们说："你肯定能干好的！""继续努力！"

从本性来说，人是一种合群的动物，喜欢在某一个群体中生活。公司是一个群体，办公室也是一个交际的平台，在这里，领导者应该鼓励那些内向的、喜欢独来独往的员工进行交流，培养他们的团队精神，让他们产生归属感，让他们不再是寂寞的"独行侠"，从而增强他们的工作动力。

有些员工天生喜爱张扬，希望自己的知名度越高越好，对待这样的员工，领导者要积极创造机会，给他们提供展示自己的机会。例如，福特汽车与美国电报电话公司用他们的员工担任电视广告的角色；大西洋贝尔电话公司的移动电话部用优秀员工的名字，作为中继站的站名。

有些员工自恃能力过高，对上司的意见、命令常常有抵触情绪。面对这样的员工，领导者要恰当地使用反激的方式，鼓励他们去做原来自己未打算做、不情愿做的事。

诸葛亮率师平定南蛮叛乱时，刚到蛮地便受到十五万敌军的阻击。他令人把赵云、魏延喊来，可是当他们来到大帐后，他却摇了摇头，又令人把王平、马忠叫来说："现在蛮兵分三路而来。我本想遣赵云、魏延前往迎敌，可他二人不识地理，未敢擅用。你们俩可兵分两路，左右出击迎敌。"诸葛亮见赵云、魏延在一旁极不自在，便对他俩解释说："我不是不相信你们，蛮地山险难窥，地形复杂，你们是先锋大将，若令你们涉险入深，一旦被敌军暗算，会挫伤我军元气的。你们要谨慎从事，不可乱动。"赵云、魏延俩人越想越不是滋味，心想自己是先锋，如今却让晚辈去迎敌，这岂不是太伤面子了，不如先捉几个当地人问明路径，今晚就去破敌营寨。当二将手提敌将首级向诸葛亮请罪时，诸葛亮不但没有责备他俩违反军令，反而哈哈大笑："此乃吾激遣你二人之计也，若不如此，你们肯细心打探路径吗？"

除了以上这些激励方式之外，还有很多方法可供领导者选择。关键是要做到因人而异，使激励方法符合员工的性格特点。

经常制造一些令人兴奋的事件

你知道为什么讨厌做家务事的孩子会在新年到来时乐意帮助做家务事吗？知道为什么员工到了快发年终奖金，或是公司举办犒赏活动时，他们的工作情绪最高，最有干劲吗？

孩子虽然平时不喜欢做家务事，但是新年到来时，他们可以拿到压岁钱，可以跟小朋友一起玩……因为有那么多有趣的事，于是平时看来烦琐的家务事也不是那么令人讨厌了。同样，在公司上班的人，会在那时工作最为起劲，当然，他们不仅仅是为了多拿点奖金，而是拿到奖金以后，也许可以去外地旅行，也许可以凑够房子首付的费用，或者可以购置几套漂亮的衣服……几乎所有的梦，所有的理想，都寄托在那个奖金上了。那份奖金，就不仅仅是钱了，而是成了梦想实现的象征，说得明确一点，与其说他们是为奖金而起劲工作，不如说他们是在为梦想而奋斗。

其实，这种发奖金、举办犒赏活动就是领导者制造的令员工兴奋的事件。这些事件会激发员工的工作积极性，极大地调动他们的工作热情。制造兴奋事件的方式比较多，例如公司举办郊游、同乐晚会、过年放假……这些都是提高员工情绪的重要动因。可能领导者在平时会经常听到员工说："主管答应让我中秋节回家，现在我工作得挺起劲的。"是的，这就是举办犒赏活动产生的效果了。可能你会有所担心，如果我给他们放假，他们会不会乐不思蜀，以至于假后上班时心不在焉呢？

答案是"否"！你知道美国的公司制度吗？一年给员工们20—30天的长假，人们可以利用长假到国外旅行、观光……而当他们再回到工作岗位时，却斗志昂扬，更加全心地投入工作。原因何在？用一位年轻人在接受记者采访时的话来回答吧："虽然我很渴望能有假期旅行，公司也确实给了我5天假期去玩，但是我却在旅行的时候想到我的工作……"确实如此，人工作久了便会想玩，玩过火了又会想工作，所以，你绝对不必担心你的下属。当他们玩够了以后，自然又会卖命地工作了。

要提高工作效率，领导者就得提高员工的情绪，并激励这种情绪维持下去。以下两种方法可做参考：

（1）在大家同心协力完成某项工作时，除了发给下属你所承诺的奖金外，还可考虑搞个小型的庆祝会之类，或许就是一些饮料、一些糕点，但只要和员工们在一起，相互间说些鼓励和祝贺的话语，就能相互沟通感情，利于在今后的工作中共同努力。

（2）每年发放4次奖金，按季度发放。如果在某个季度超额完成了任务，或者说是某项工作完成得特别出色，领导者可以考虑给员工增发奖金，这会令下属感动，从而更加卖命地工作。

当然，如果同样的措施一再重复，会令人觉得没有意思，也起不到激励的效果，使人高兴的方法要因人而异。所以领导者在准备某些娱乐节目之前，可以听听不同人的看法，做个调查，尽量搞得丰富多彩，使员工总是能很愉快地工作。

令人兴奋的事件有很多，甚至在员工对你有所不满时，你可以给他一些娱乐激励，也可以取得很不错的效果。

适时给员工一份意外的荣誉

当一个人生活需求得到满足之后，就会寻求更高层次的需求，比如荣誉。对于能干的下属而言，他们的基本需求都已经得到了满足，笼络员工的心单靠物质奖励还不行，有些时候精神奖励更重要。

古往今来，大凡政治家或事业上的成功者无不把精神奖励当作激励员工的重要手段。给能干的员工配备一些值得炫耀的资本，让他们有一种极大的荣誉感和自豪感，当他们得到这种奖赏后，就会感到很有面子，而接下来他们就会为了维持这种面子和回报给他面子的人，像以前一样甚至是比以前更加勤奋地工作。这也正是奖赏的初衷。清朝后期的封疆大吏曾国藩就曾经用这种方法激励过自己的将士。

曾国藩从太平天国军手中夺回了岳州、武昌和汉阳后，取得了建军以来第二次大胜利。为此，曾国藩上书朝廷，为自己的下属邀功请赏，朝廷也恩准给这些人封官。

但是，曾国藩并不认为这样做就够了，还必须给那些最勇敢的下属配备一些值得炫耀的资本，鼓励他们在作战时更加勇敢。同时，因为这些下属有了值得炫耀的资本，其他的将士肯定也希望得到这样的奖赏，如此一来，全体官兵就会同仇敌忾，奋勇作战。

为了能为下属配备真正值得炫耀的资本，曾国藩思来想去，决定以个人名义赠送有功的将士一把腰刀，这既表达了自己与对方的特殊感情,又鼓舞了湘军的尚武精神。于是他派人锻造了 50 把非常精致美观的腰刀。

这天,曾国藩召集湘军中哨长以上的军官在湖北巡抚衙门内的空阔土坪上听令。这些军官都穿着刚刚被赐予的官服,早早等候在那里,不知道曾国藩要发布什么命令。

正在大家胡乱猜疑的时候,曾国藩迈着稳重的步伐从厅堂里走出来。这一天他穿得格外庄重,让聚集的军官们鸦雀无声。

曾国藩走上前台,说:"诸位将士辛苦了,你们在作战过程中英勇奋战,近日屡战屡胜,皇上也封赏了大家。今天召集这次大会,是要以我个人名义来为有功的将士授奖。"

直到这时,湘军军官们才知道最高统帅曾国藩是要为他们发奖,奖什么呢?大家都在暗自思忖。

只见曾国藩一声招呼,两个士兵抬着一个木箱就上来了。几百双眼睛同时盯住了那个木箱,士兵把木箱打开,只见里面装着精致美观的腰刀。曾国藩抽出了一把腰刀,刀刃锋利,刀面正中端正刻着"殄灭丑类尽忠王事"八个字,旁边是一行小楷"涤生(曾国藩的号)曾国藩赠"。旁边还有几个小字是编号。

曾国藩说:"今天我要为有功的将士赠送腰刀。"接着一一亲自送给功勋卓著的军官。

顿时,在场的军官们心中涌动着不同的感受,有的为获得腰刀而欣喜;有的为腰刀的精致而赞叹;有的在嫉妒那些得到腰刀的人;然而更多的人则在暗下决心,在以后的战争中一定要冲锋陷阵,争取也获得一把象征荣誉的腰刀。

就这样,曾国藩给他能干的下属配备了值得炫耀的资本,这使受刀者受到了激励,同时,没有接受腰刀的将士就会向这些获得腰刀的军官看齐,在以后的战斗中奋不顾身,曾国藩用腰刀达到了他激励将士的目的。

历史上还有很多领导给能干的下属增加一些值得炫耀的资本，而现代社会也不乏这样的事情。老板给自己的员工配备手机，配备轿车，这都是为了给下属足够的面子，给他们一份意外的荣誉，让他们认为值得炫耀，从而达到激励下属的目的。

实行末位淘汰制

所谓"末位淘汰"，就是指对某一范围内的工作实行位次管理。规定在一定期限内，按照一定的标准对该范围内的全部工作人员进行考核并据此排出位次，将位次列在前面的大多数予以肯定和留任，而将位次居于末位的一个或几个予以否定和降免职。简单地说，"末位淘汰"是将居于末位的人员予以"淘汰"。

实行末位淘汰制能给员工以压力，能在员工之间产生竞争气氛，有利于调动员工的积极性，使公司更富有朝气和活力，更好地促进企业成长。具体来说，实行末位淘汰的作用有以下几个方面：可以促使人们竞争、向上。实行末位淘汰，意味着末位者就要遭淘汰。在这种压力下，人们为了免遭淘汰，继续得到原有的工作岗位，从事原有的工作，得到原有的待遇，就会加倍努力。同时，可以增加工作业绩，提高工作质量。人人都加强努力，就会多做工作，做好工作，多创业绩，创造佳绩。末位淘汰，可以直接地、单纯地优化工作团队。但是淘汰末位者不是孤立的，而是同时保留比被淘汰者合适的、优秀的人员，又让出位置给新的比被淘汰者合适的、优秀的人员。

末位淘汰的标准是"末位"。这一标准与对上岗人员淘汰的正确标准大不相同。上岗人员只要达不到岗位所要求的基本素质和基本目标，即对于岗位不胜任、不合格，就要淘汰。

所以末位淘汰的标准要合理，否则就会出现意想不到的后果。

末位者有胜任、合格者，或全部都是胜任、合格者，或部分胜任、合格者由于其标准的不合理，使得淘汰末位时，会有胜任、合格者被淘汰，对这部分人有失公正，使他们得不到肯定且没有安全感，这就容易引发一系列负面效应，甚至导致企业和社会不稳定。

但这些不能阻止末位淘汰制的实行，因为它确实使得企业充满活力，保证企业可持续发展。

末位淘汰要注意一些问题。末位淘汰制这种强势管理方式虽然有不足之处，但是对于市场竞争日趋激烈的今天，对那些管理水平还不高的企业而言，有其可行性。一些企业家认为，强势管理对一些企业可能有效，如企业规模较大，管理层次较多，员工有人浮于事的现象，通过强势管理强行淘汰一些落后的员工。

当然，不管是哪一种业绩管理，都不是以员工流失为目的，而是在组织的帮助下，每个员工都能完成业绩。其实每个员工的潜力是很大的，关键是怎么管理和开发。有人曾看到国内一家有上百家营业部的证券公司实行末位淘汰制，但只针对业务人员，被淘汰人数只有 3—5 人，淘汰下来的也不是让其回家，而是给调换一个适合的岗位。这个企业这么做效果是不错的，既调动了员工的积极性，又不会给整个企业形象造成负面影响。

末位淘汰制要跟目标管理连在一起，目标一定要合理。首先目标要明确，并且这个目标应该是员工通过努力可达到的，如果领导者定出的目标让员工感到绝不可能，就不叫作目标了。目标定得过高，员工可能会感到"你这是让我走人"，马上产生消极情绪，会做出对企业不利的事情。其次，目标应是可行、具体和清晰的。在目标已定的情况下，企业领导者一定要经常帮助员工，如提供一些资源和条件，组织培训。如果最后由于员工自身的原因做不好，员工自己就会萌生退意，自然实现了优胜劣汰。员工由于自己的原因而业绩不好被淘汰，大家都会理解和接受，不会产生什么负面影响。

末位淘汰制是被企业采用最多的优化人员结构的方式。越来越多的企业随着规模的扩大，管理层次的增多，普遍存在员工人浮于事的现象。通过末位淘汰制这种强势管理，能够给员工以压力，建立严格的员工竞争机制，有利于调动员工的工作积极性，使公司更富有朝气和活力，更好地促进企业成长。

巧用"高帽子"

常言道："十句好话能成事，一句坏话事不成。""高帽子"谁都爱戴，这也是一种赞美方式。恰如其分地适当恭维不仅会让对方精神愉悦，赢得他们的信任和好感，也能起到激励人的作用。

清代大才子袁枚，从小就聪慧过人，二三十岁就名满天下，步入仕途，官拜七品县令，赴任之前，作为人之常情，袁枚去向他的恩师——清乾隆年间的名臣尹文端辞行，顺便看看老师还有何教诲。尹文端见学生登门，自然十分高兴，就问他："你此去赴任，都准备了些什么？"袁枚见老师垂询，就老老实实地回答："学生也没有准备什么，就准备了一百顶高帽子。"尹文端一听就有些不高兴，说你年纪轻轻，怎么能搞这一套，还是要讲究勤政务实呀！袁枚说："老师您有所不知，如今社会上的人大都喜欢戴高帽子，像您老人家这样不喜欢戴高帽子的人真是凤毛麟角呀！"尹文端听罢此言，很是受用，觉得他没有白培养袁枚。

袁枚不愧为才子，对世事洞明如镜，在不知不觉中，就将一顶高帽子送给了尹文端，尹文端戴上了这顶高帽子，又怎么能不喜形于色呢。

作为领导者，如果能恰到好处地给员工戴上一顶高帽子，一定能给上下级关系带来意想不到的好处，有力地赢得员工的好感和信任。更重要的是，它有时还能激励那些不太自信的员工，让他们精神抖擞、自信地去完成上级交给他们的任务。

玫琳凯所经营的美容、化妆品公司在全世界都享有盛誉。有一次，从另一个公司跳槽新来的业务员在跑营销屡遭失败后，几乎对自己的营销技能丧失了信心。玫琳凯得知此事后，找到这位业务员并告诉他："听你前任老板提起你，说你是很有闯劲的小伙子。他认为把你放走是他们公司的一个不小损失呢……"这一番话，把小伙子心头那快熄灭的希望之火又重新点燃了。

果然，这位小伙子在冷静地对市场进行了研究分析后，终于给自己的营销工作打开了一个缺口，获得了成功。

其实玫琳凯并没有跟什么前任老板谈过话，但是这顶高帽子一戴，却神奇地让这位业务员找回了自尊与丢失的自信。为了捍卫荣誉与尊严，他终于振作起来，做了最后的一搏，最终以成功来增强自己的自信心。

戴高帽子确实有神奇的功效，但要讲求技巧，要讲究方法：

（1）戴高帽子要有一个度，不要夸大其词，过度的不切实际的高帽子只会起到适得其反的效果。

比如员工对电脑业并不是特别了解，而你却对他说："听说你对电脑有研究，你能给我谈谈近期电脑业的发展状况吗？"他心里一定会非常反感，认为你是在揭他的短。

（2）有时戴高帽子也可以用间接的方式，如果你是位新走马上任的领导者，对你的一位员工说："我听安娜说，你这个人人缘很好，爱交际，做事稳重，咱们做个朋友吧，一起为部门出力。"听者心里一定觉得甜甜的，即使他并不如你口中所说的那么好，但他一定会尽力朝着你所说的那个方向努力。

（3）采取新颖的形式戴高帽子。如果一个领导者，一再提及一个员工，对他是一种莫大的鼓励和恭维，提起某人以前讲过的事，也是对他的一种激励，因为这表示你认真听过他讲的话，并牢记在心。

总之，管理中的戴高帽子并不是那种不切实际的夸大、阿谀奉承、溜须拍马。在某种程度上，若是你能巧用高帽子，定能让你的员工重新重视自己，树立一个自信的新我，这绝对是一种有效的激励方法。

赞美是一种很好的激励

人们之所以工作，是为了能够更好地生存和发展，因此我们会有拥有金钱和提升职位等方面的愿望。除此之外，人们更加追求个人的荣誉。一份民意调查结果表明，89% 的人希望领导能给自己以好的评价，只有 2% 的人不在乎领导的赞美，认为领导的赞美无所谓。当被问及为什么工作时，有 92% 的人选择了"个人发展的需要"。人对发展的需要是全面的，不仅包括物质利益方面，还包括名誉、地位等精神方面。在公司里，大部分人都能兢兢业业地完成本职工作，每个人都非常在乎上司的评价，而上司的赞扬是下属最需要的激励。

领导者赞美下属有下列 3 个作用：

（1）领导者的赞美可以使员工认识到自己在群体中的位置和价值。

在很多公司，员工的工资收入都是相对稳定的，人们不会在这方面费很多心思。但人们都很在乎自己在上司心目中的形象，对上司对自己的看法非常敏感。上司的赞美往往具有权威性，是确立自己在同事中的位置的依据。

有的领导者善于给员工就某方面的能力排座次，使每个人即使按不同的标准排列都能名列前茅，可以说这是一种皆大欢喜的激励方法。

比如，齐立阳是本单位第一位硕士生，赵然是本单位计算机专家，王瑞是本单位"舞"林第一高手等，人人都有个第一的头衔，人人的长处都得到肯定，整个集体几乎都是由各方面的优秀成员组成，能不说这是一个人才济济、奋发向上的集体吗？

（2）领导者的赞美可以满足员工的荣誉和成就感，使其在精神上受到激励。

领导者的赞美是最有价值的激励，它不需要冒多少风险，也不需要多少本钱或代价，就能很容易地满足一个人的荣誉心和成就感。

比如某位员工经过一个多星期的昼夜奋战，精心准备和组织了一次大型会议而累得精疲力竭时，或者经过深入调查取得了关于企划案丰富的调查报告时，或者经过深思熟虑而想出一条解决双方纠纷的妥协办法时，他最需要什么？当然是上司的赞美和同事的鼓励。

如果某位员工很认真地完成了一项任务或做出了一些成绩，虽然此时他表面上装得毫不在意，但心里却默默地期待着上司来一番称心如意的嘉奖，而领导者一旦没有关注、不给予公正的赞美，他必定会产生一种挫折感，对上司也产生看法，"反正他也看不见，干好干坏一个样"。这样的管理怎能调动起大家的积极性呢？

领导者的赞美是员工工作的精神动力。同样一个员工在不同领导者的指挥下，工作劲头判若两人，这与领导者善用还是不善用赞美的激励方法是分不开的。

（3）赞美员工还能够消除员工对领导者的疑虑与隔阂，有利于上下团结。

有些员工长期受上司的忽视，上司不批评他也不表扬他，时间长了，下属心里肯定会嘀咕：上司怎么从不表扬我，是对我有偏见还是妒忌我的成就？于是同上司相处不冷不热，注意保持距离，没有什么友谊和感情可言，最终形成隔阂。

领导者的赞美不仅表明了对员工的肯定和赏识，还表明领导者很关注员工的事情，对他的一言一行都很关心。

人都喜欢听赞美的话，聪明的领导者应该大方一点儿，不要吝啬自己对员工的赞美："这个意见非常好，就照你说的做吧！""真有你的，你给我提供了一个好办法！"这样，下一次员工便会更努力地去工作，为公司创造更大的价值。

适当的时候泼一盆冷水

作为一名出色的领导者，不仅要懂得正向激励员工，还要善用负向激励，用"泼冷水"的方式激发员工的工作激情。

某位成功人士在回忆自己的成长经历时充满深情地提到以前的××老师，很有感慨地说如果没有老师当年讲的话，可能他就没有今天。人们在心里暗自猜想：老师当年讲的可能是很深情很有鼓动性的话吧，哪知事实让人出乎意料。

成功人士说自己从小调皮捣蛋，无心学习，整天打架……总之是劣习成性，没有哪个老师能把他驯服。后来，一位老师当他的班主任，在一次期末考试考了倒数第五名时，那位老师怒气冲冲地对他说："我看你确实是扶不起来的'阿斗'，没有什么出息了，要是你以后能做出什么成绩，我的名字倒过来写！"

他说老师的话对年少的他刺激很大，他没想到老师会这样瞧不起他，会如此讽刺他。于是，他决心改掉所有的劣习，好好学习……最后，他终于成功了。那时，他才明白老师话中真正的含义……

作为企业领导者，当你发现某位员工不思进取、混沌度日时，或者看到某位工作突出的员工，因为多次出色地完成任务而有点飘飘然时，你就应该适当地给他泼一盆冷水，对其进行适当的"刺激"。例如可以对他说："我看你一辈子也不会有什么出息，就只能当一个最低等的小职员！""你以为你很优秀了吗？其实和××比起来，你差远了……"当下属受到这样的刺激时，他们往往会积极改进自己的工作，努力进取。

不过，"泼冷水"的程度要视员工的态度和他的心理承受能力而定。否则，如果员工的心理承受能力较差，那你泼的冷水会把他冻成"感冒""发热"……甚至让他一蹶不振，那时，激励就会成为打击了。所以，领导者应该注意"泼冷水"的技巧。

对于那些没有压力，很容易满足现状，没有取得过什么出色成绩的员工，领导者应该给他泼泼冷水，并且把一些重要的工作交给他。这时可以这样对他说：

"××，这项工作只能交给你了，虽然你平时工作不是非常努力，工作记录不是很出色，但是我希望你能尽心尽力地完成它……"

听完这话后，××肯定会觉得心里不舒服，甚至会有不服气的感觉，心里会想：凭什么说我工作不出色呢？我要让你看看！我是个很优秀的员工。这样，他会把怒气转化为工作的力量，全心全意地去工作……所以，"泼冷水"不仅让他提高了效率，而且也让他在出色完成工作后有种成就感，从而对工作更有激情。

对于那些虽有才华，但是比较自卑的员工，领导者如果还狠狠打击他，就会让他更加怀疑自己的能力，甚至因此而消沉。所以，给这种员工泼冷水时，要采取"唱双簧"的方式，就是找个人配合，一个唱黑脸，一个唱红脸。

只有"黑脸"和"红脸"巧妙配合，才能发挥"泼冷水"的最佳效果。例如，当你唱黑脸，严厉地斥责一名年轻的员工时，应该安排助理——"红脸"上场，对受批评的员工进行安抚、劝慰，可以告诉他："其实老板是想用激将法激励你，说实在的，他一直以来都非常欣赏你的才华，非常希望你能做出一番成绩……"这样，被泼冷水的员工会感觉到上司对他的期望，心里不免有点高兴，同时也感受到一定的压力，所以会很认真地、更加自信地工作。

企业的领导者，当你发现"正激励"不起作用时，不妨逆向思维一下，适当地给你的员工泼泼冷水，也许会起到意想不到的好效果。

赞美得越具体，效果越显著

我们每个人对赞美的声音都有着强烈的渴望，无论是身居高位还是位处卑微，也无论是刚入公司的年轻员工，还是晋升无望即将退休的老员工。赞美能化解百年冤仇，赞美能使古板的脸增添笑容。然而赞美也要掌握技巧，如果运用不适反倒会使下属心生反感。因此，在谈话中赞美下属时应斟酌词句，要明确具体。一般认为，用语越是具体，表扬的有效性就越高，因为下属会因此而认为你对他越了解，对他的长处和成就越尊重。

克莱斯勒公司为罗斯福总统制造了一辆汽车，因为他下肢瘫痪，所以不能使用普通的小汽车。工程师钱柏林先生把汽车送到了白宫，总统立刻对它表示了极大的兴趣，他说："我觉得不可思议，你只要按按钮，车子就开起来，驾驶毫不费力，真妙。"他的朋友和同事们也在一旁欣赏汽车，总统当着大家的面夸奖："钱柏林先生，我真感谢你们花费时间和精力研制了这辆车，这是件了不起的事。"总统接着欣赏了散热器，特制后视镜、钟、车灯等。换句话说，罗斯福总统注意并提到了每一个细节，他知道工人为这些细节花费了不少心思，于是他坚持让他的夫人、劳工部长和他的秘书注意这些装置。这种具体化的表扬，难道下级会感觉不出其中的一片真心实意？

有经验的人会深深抓住别人在某方面的细节，直接赞扬和感谢，法国总统戴高乐就是如此。

戴高乐访问美国时，在一次尼克松为他举行的宴会上，尼克松夫人用心地布置了一个美观的鲜花展台：在一张马蹄形的桌子中央，鲜艳夺目的热带鲜花衬托着一个精致的喷泉。精明的戴高乐将军一眼就看出这是主人为了欢迎他而精心设计制作的，不禁脱口称赞道："女主人为举行一次正式的宴会要花很多时间来进行这么漂亮、雅致的计划与布置。"尼克松夫人听了，十分高兴。事后，她说："大多数来访的大人物要么不加注意，要么不向女主人直接道谢，而他总是想到和讲到别人。"可见，一句简单的赞美，会带来多么好的反响。

戴高乐贵为元首，却能对他人的用意体察入微，这使他成了一位受到尊敬的人，也是他外交上获得成功的不可或缺的一面。面对尼克松夫人精心布置的鲜花展台，戴高乐没有像其他大人物那样视而不见，见而不睬，而是即刻领悟到了对方在此投入的苦心，并及时地直接对这一片苦心表示了特别的肯定与感谢。戴高乐赞美的言语虽然简短，但很显然，很明确，尼克松夫人受到了深深的感动。

领导者要善于发现别人哪怕是最微小的长处，并不失时机地予以赞美。一般来说，赞美语言越翔实具体，说明领导者对员工越了解，对他的成绩越看重。让别人感觉到领导者真挚、亲切和可信，距离自然会越拉越近。领导者如果只是很含糊其词地赞美员工，说员工很出色或者很优秀，就很难引起员工对领导者谈话内容的关注，有时候还会引起员工的猜疑，甚至产生不必要的误解。

彼得定律：晋升激励，适得其反

彼得定律是美国管理学家劳伦斯·彼得，在对组织中人员晋升的相关现象研究，从大量失败案例中总结出的一个结论：在各种组织中，由于习惯于对在某个等级上称职的人员进行晋升提拔，因而员工们总是趋向于晋升到其不称职的地位。彼得指出，每一个员工由于在原有岗位上工作成绩表现好，就会被提升到更高一级的职位上；其后，如果他继续胜任则将进一步被提升，直至到达他所不能胜任的职位。因此彼得定律有时也被称为"向上爬"原理。这种现象在现实生活中无处不在：许多企业为了挽留人才，或为了鼓舞士气，常常开设新职位，并且轻易地晋升员工，让大家意识到晋升的可能，这个出发点可能是好的，但做法却不一定妥当，因为这样做很容易出现一些管理问题。

要知道，晋升并不是理想的激励措施，有时候，晋升激励会适得其反。让我们来看一个较为常见的事例。

一位成功的销售人员，学历虽然不高，但是工作非常努力，加上口才了得，客源网络广阔，因而个人销售表现好，多年来都是公司最佳销售员。公司因此提升他到主管职位，领导一整队销售人员。

他到任后，问题出现了，由于他的领导及执行能力不强，而下属又不认同他的做事方式及政策，公司也不满他未能提高整体销售业绩，因此他面对很大的压力，他渐渐地失去了信心，工作士气低落。更大的问题是，他发现自己无路可退，降级再担任原来的销售员职位，等于抹杀了自己以往的成就。去别的公司求职，自己的学历及近年表现又不出色。更糟的是，在经济不景气的情况下，公司计划裁员，自己变成了高危一族，惶恐终日，工作表现更加不济……

在企业里，类似的情况比比皆是。专业人员借着论资排辈的升迁制度，累积了多年的工作经验后，晋升管理阶层，但是他们的专业知识和经验并不能确保他们可以成为出色的上司。有时，他们自恃事业有成，没有进一步进修及提升自己的专业知识及管理能力，到了机构要进行"瘦身"及改革时，他们便感到有很大的压力，担心饭碗保不住。结果，本来可以在低一级职位施展优秀才华的人，现在却不得不处在一个自己所不能胜任的但是级别较高的职位上，并且要在这个职位上一直耗到退休。这种状况对于个人和组织双方来说，无疑都没有好处。对于员工而言，由于不能胜任工作，就找不到工作的乐趣，也无法实现自身的价值。对组织来说，如果员工被不恰当地晋升到一个他们所不能胜任的职位上来，一方面，组织得到的是一个蹩脚的领导者；另一方面，组织也失去了一个能够胜任较低一级职位的优秀人才。因此，彼得定律告诉我们：不要轻易地进行选拔和提拔。

解决这个问题，可采取以下几个有效措施：

（1）提升的标准更需要重视潜力而不仅仅是绩效。应当以能否胜任未来的职位为标准，不仅在现在的职位上是否出色。

（2）不要把能上能下当作一句空话，要在企业中真正形成这样的良性机制。一个不胜任经理的人，也许是一个很好的主管，只有通过这种机制找到每个人最胜任的角色，挖掘出每个人的最大潜力，企业才能人尽其才。

（3）考察时最好采用临时性和非正式性提拔的方法进行，以尽量避免降职所带来的负面影响。比如设立经理助理的职位，在项目小组这类组织中赋予更大的职责，特殊情况下可先让他担任代理职位等。

成功的企业在进行员工激励时，要注意选择适当的方法，更要看重个人的能力，而不要一味地盲目使用晋升激励。

第八章

把握原则，让授权的工作有章可循

抓住大事、要事，下放琐事、小事

中层领导不仅要多做具体工作，而且要在"修身""做人"上当好样板，就是"做给下级看，带着下级干""向我看齐"。实际上，一个中层领导是否优秀，不在于他本人亲自做了多少事，而取决于他是否善于让他人干事、能干事。

孔子有两个学生，一个叫宓子贱，一个叫巫马朝，他们先后在鲁国的单父当过一把手。宓子贱整天弹琴作乐，身不出室，却把单父治理得很好，巫马朝则天不亮就外出，天黑才归来，事事都亲自去做，也把单父管理得很好。巫马朝问宓子贱是什么原因，宓子贱说，我治理单父主要是靠用人，靠他人做事，你主要靠事事亲自做，所以你很忙，而我就很悠闲。人们称宓子贱是"君子"，而巫马朝"虽治，犹未至也"。也就是说，宓子贱比巫马朝更懂领导艺术。

一把手要善于从全局出发，抓住大事、要事，例如考虑工作目标，制订工作规划，计划如何改革创新，人事如何安排，钱财如何收支等。对于一些无关大局的小事、琐事则不用操心，要善于区分西瓜与芝麻，大事与小事，把主要精力用在抓大事上。要知道，不是一把手很少有人去考虑全局问题，一把手若不注意抓大事，而是陷入日常事务之中，就难免因小失大，他所管的部门肯定难以管理好。

多强调工作效果，少制订工作方法

应该以工作是否落实或落实的效果如何作为中层领导对下级工作的评价标准。作为中层领导，要鼓励下级创造性地工作，不能把下级的工作方法、工作细则管得过死过细，否则下级就发挥不出其主观能动性。而且，各部门的情况不尽相同，要让下级按照你的思路去工作，还要取得成效，中层领导就必须用很多的精力去考察每一个部门的情况如何。否则，你制订的办法就不合实际，下级也不会执行到位，这样不仅贻误工作，而且容易让下级养成只会按领导的要求照葫芦画瓢、不善于思考的懒惰的工作作风。因此，上级领导应该把注意力放在提出工作目标和明确工作效果上，至于怎样执行，不可干预过多，应放手让下级去想、去干。

细管督查奖励，粗管具体工作

有些中层领导喜欢听汇报做指示，一看到有些工作不合己意就亲自上阵，具体工作也亲自来抓，这样就出现了一人忙众人闲、一人干众人看的现象。

中层领导要把自己从具体工作中解脱出来，改变一人忙众人闲的状况，关键要抓住两点：

（1）监督检查。中层领导应改变注重布置具体工作轻视监督检查的毛病，重点抓好监督检查，不仅靠自己，还要靠有事业心、责任心强的人去抓监督。

（2）抓好奖惩。古人云："治乱之理，宜务分刑赏为急。治国者莫不有法，然而有存有亡；亡者，其制刑赏不分也。"在一个单位，如果做事的得不到表扬，不做事的得不到批评，做与不做同等对待，甚至不做事的还受褒奖，做事的反受责难，员工工作的积极性绝对不会高，业绩自然也不好。无数历史事实表明，在一定程度上，中层领导能否用好赏与罚决定着事业的成败。因此，中层领导只有公正、准确地用好赏与罚，才能极大地调动下级的工作积极性，并使自己少受躬亲之累。

发扬民主，变"自决"为"议决"

一个高明的领导善于充分发扬民主，集思广益，注意发挥决策群体的作用。"议决"而不"自决"，其重要意义体现在以下4个方面：

（1）在民主讨论中各人发表不同的意见和建议，就等于提出了更多的可供选择的决策方案。

（2）民主讨论必然使决策方案进一步优化。不同意见之间互击其短，各扬其长，就使方案的利弊得以充分显现，还可以互相启示，开阔思路，取长补短，从而提炼成最佳的决策方案。

（3）民主讨论的过程实际上也就是统一决策认识的过程。一旦决策，就可同心同德，上下一致地去实施，有利于发挥各方面的主动性、积极性和创造性。

（4）通过民主讨论形成的决策更具有可靠性。当实践证明决策有失误时，原来的反对意见往往就是一个现成的补救方案，不致临渴掘井，束手无策。因此，中层领导不可把决策的民主讨论当作可有可无的形式，而应该将此作为决策过程中必不可少的重要环节。

不要一味揽功，要与下属共享信息

作为领导，你的目的和任务是让你的下属听从你的命令和安排，共同努力把你所要做的事情做好，而不是炫耀你的小聪明，故弄玄虚地把自己搞成一副"神秘领导者"的模样。因此，和你的下属共享信息和资源，是你领导取得成功的保障。要学会运用参与、加入的方法和影响策略，养成与下属共享情报信息的良好的领导习惯。

吉姆士是科隆公司领导研究项目攻关的总负责人。一次他有一项重要的研究攻关项目，就是要研制一种既耐高频，又能对低频产生特殊效果的听觉保养器。吉姆士作为总负责人，一个管理者，一个富有经验的研究人才，他当然也加入了研制的队伍之中。

吉姆士的下属贝兹是主攻研究这种听觉保养器的工程师，在相当长的一段时间内，他已历经了一次又一次的失败，始终没有找出最好的方案，弄得他几乎失去了信心。吉姆士打电话把贝兹叫到了办公室，首先还是让贝兹报告了他的研究进展情况，他并没有把他对两种材料的研究情况及设想方案完全告诉贝兹。

他只是把研究的材料往贝兹的面前一摆说："贝兹，许多的研究者或科学家，都有这样一个特点，那就是不到长城非好汉，不到黄河不死心，他们都会坚持不懈地找出最后的满意结果。我对你很有信心，你是能够做到这一点的。你需要注意的是，在研究中，分析、综合研究是十分重要的。你把桌子上这些材料拿回去仔细琢磨琢磨，过几天来向我汇报你有些什么收获。"

有人问吉姆士："何不直截了当地告诉他你的研究发现？"吉姆士回答道："我可不能在这上面喧宾夺主，我的下属贝兹是位非常出色、年轻有为的研究人才，他在这项研究上已花费了大量的精力，我怎么可以夺了他的功劳呢？我是绝对不应该把这项研究的功劳算在自己身上的。让他共享那些研究资料和信息，是我作为一个领导应该做到的。"

结果的确不出吉姆士所料，第二天贝兹就来到了他的办公室，欣喜地告诉他已经找到了一种比较好的方案：把那种对高频噪音能产生保护作用的材料和那种对低频噪音能起到保护作用的材料有机地结合起来。而且贝兹还进一步提出了一种更新的方案，能使两种材料的融合产生最好的保护效果。

虽然吉姆士的发现是很有价值的，但他并没有归功于自己，而是与他的手下贝兹工程师共享信息和资料，使得贝兹有更好的成功的机会。这样，贝兹就会为吉姆士工作得更认真努力。

缺乏分享意识，做人会越来越"小"

不懂分享，就不会取得成功。在这个崇尚合作的世界，没有一个人能担当全部职责，创业者的价值往往是通过与优秀人才的合作而体现出来的。如果创业者过于保守，就不会获得优秀人才的信任与追随，最终会成为光杆司令。只有学会与员工分享成功，企业才能获得员工无私奉献的大能量。

在热播电视剧《士兵突击》中，许三多就是一个深谙分享之道的人。

在老 A 选拔赛上，伍六一、许三多、甘小宁、马小帅和落魄在草原五班的成才都在其中。选拔的条件十分苛刻，要在只有一份早餐口粮的情况下，48 小时内到达指定地点绘制敌主阵地地图，并送到指定地点，同时将有一个加强营的兵力对候选人进行围追堵截，到最后只取前三名。

这是一场残酷而艰难的野外生存比赛，他们没有吃的，只能吃草根，甚至是生吃老鼠肉来维持体力，连去牲口棚喝水都有火力"伺候"。别人都把口粮吃了，而许三多没有吃，他想留在最后冲刺时再吃。

最后他们到达指定地点时，只剩下许三多、伍六一和成才三个人了，要游过冰冷的水泡子需要热量，这时许三多拿出了他的那份口粮，放到两人面前："我们一起吃。"成才拒绝了，伍六一和许三多一人一半，吃下了少得可怜的那点食物。在这点食物的支撑下，依靠顽强的毅力，伍六一和许三多最终顺利游过了水泡子。

许三多与队友分享了自己的口粮，换来了胜利。懂得分享才是一种聪明的凝聚团队之道。当创业者不再计较鸡毛蒜皮，真心同别人分享成功的时候，才会真正获得别人的真诚，才能使别人愿意帮助自己。

学会分享会换来更多

这一点，金军业的做法具有重要的启迪作用。

1999 年的一天，金军业辞掉了国企的工作，来到民营性质的宁夏力成电气有限公司技术部，当了一名普通的技术员。

当时，技术部除了金军业，就只有两个人，但是全厂所有的产样图纸都是由他们负责。作为一名新人，金军业虚心向同事请教。没想到，同事非但没有帮助他，反而给了他一脸的排斥和不屑。

"军业，厂里来了合同，下活了，你把图纸画一画。"

"怎样画比较好？我刚来，这里的业务还不是很熟悉。"

"你不是大学生嘛，怎么连张图纸也不会画……"同事看着金军业不知所措的样子，嘲讽着。在只有三个人的技术部，竞争无处不在——教会徒弟，等于饿死师傅。

金军业在一旁听着，心里不是滋味：不教就不教，何必出口伤人！越是这样越不能让他们看笑话……对了，下车间！技术部的图纸出来以后，一般都直接转到车间，工人师傅经常接触，一定知道怎样做！

此后，金军业就没在办公室里待过。他穿着满身油污的工作服，与工人师傅们一起扛钢板，一起手握电锯冲孔，一天下来人累得快散了架，但金军业心里却感到越来越充实。他不但迅速掌握了产品的工序制作、工作方法及流程，对图纸设计也有了清晰、形象的了解。

他甚至发现由于理论与实践脱节，过去工人师傅也是凭着对图纸的一知半解，照葫芦画瓢。这样做出来的产品既费时间，质量又得不到保证，不但生产成本居高不下，产品还缺乏竞争力。

怎么办？

"分享！只有把自己的所得与别人分享，才能让自己收获得更多！"金军业这么想，也是这么做的。刚开始，一切进行得相当困难，要求不到初中文化程度的工人师傅们听懂、看懂大学才学到的专业术语，实在不容易。

"看不懂也要看，即使我今天什么事也不做，也要陪着你们把图纸看懂！"

如今，宁夏力成无论是电气还是结构车间，工人师傅人人都能看懂图纸，并且还能对设计图提出自己的想法及意见。

"什么叫个人可持续发展？与别人分享你的成果，并不断听取意见、自我完善的过程，就是个人可持续发展！"金军业说，"知识的吸取，经验的积累，就像改革开放，心态上要放开，外界的东西才能进来，最后通过交流，取其精华，去其糟粕。"

金军业通过与工人们分享自己的技术和经验，不但提高了工人的业务水平，提高了公司产品的竞争力，还找到了自身发展的方向和动力。他成为公司里最受重视的人。

不要害怕别人权力过大

美国通用电气公司前总裁杰克·韦尔奇把授权看作管理必需。杰克·韦尔奇的授权之道是——你必须松手放开他们。他认为，掐着员工的脖子，是无法将工作热情和自信注入他们心中的。你必须松手放开他们，给他们赢得胜利的机会，让他们从自己所扮演的角色中获得自信。当一个员工知道自己想要什么的时候，没有任何人能够挡住他前进的道路。

在工作中，有的管理者为了管理好员工，让他们完全按照自己的意图去做事，对员工的一举一动都横加干涉，企图让员工完完全全地按照自己的思维意识去工作，殊不知这样严重影响了员工的主观性和创造性，即使能够保证完成任务，但是却大大压抑了员工的思想意识，束缚了员工的手脚，最后造成员工工作压力加大或人才流失。

杰克·韦尔奇曾说："我的工作只是向最优秀的人才提供最合适的机遇、最有效的资源配置而已。交流思想、分配资源，然后让他们放手去干——这就是我的工作实质。"

1981年，杰克·韦尔奇出任通用电气公司总裁。当时，美国管理界普遍存在着这样一种共识：领导者的工作就是监督下属认真工作，就是到处举办公司会议，在低层和高层管理者之间建立信息通道，以确认公司的各个部门和环节运行正常。

杰克·韦尔奇对这种观念深恶痛绝，上任伊始，他就开始驳斥这种传统的认识。他认为采取这种方式的领导者都是些官僚管理者，思想陈旧。过多的管理会促成懈怠、拖拉的官僚习气，会把一家朝气蓬勃的公司弄得死气沉沉。而对于这样因循守旧的做法，杰克·韦尔奇历来都是采取抵制的态度。

通用电气公司是一家多元化公司，拥有众多的事业部，员工成千上万。如何有效地管理这些员工，使他们生产率最大限度地提高，是杰克·韦尔奇一直苦苦思索的问题。经过实践，他最后总结出"管理越少，公司情况越好"这样一个在他看来是最正确而且也一定会有效果的结论。因此，他坚持用这种思想来管理通用公司。通用电气用持续增长的业绩证明，他的这种思想是正确的、伟大的。

"双赢"，经济关系是企业和员工的关系基础

现在很多年轻人常以吊儿郎当的态度对待工作，觉得工作仅仅是在出卖劳动力。在他们眼里，老板是靠不住的。这一方面是由于老板在管理和沟通上缺乏技巧，比如，老板工作安排随意改变，做事缺乏计划，公司缺乏明确的战略目标，使得员工疲于应付，被动适应，缺乏成就感。另一方面，在遇到困境时大幅度裁员，也是员工认为老板靠不住的主要原因。于是，他们认为自己和老板的关系就是彻彻底底的雇佣关系、金钱关系，他们把工作看成是老板在剥削自己。

对于公司来讲，老板会感觉员工靠不住。比如，公司要发展就必须经常为自己的员工提供学习和培训的机会，可我们常常发现，很多公司在员工培训上忐忑不安，顾虑重重，其中主要原因是因为一些员工在培训后，为了追求更高的薪水往往会跳槽到竞争对手那里。但是，假如公司不提供员工培训，公司就会因为员工素质不高而难以快速发展，同时，员工也难以对企业建立归属感，也存在着极大的跳槽可能性。这就使企业处于进退两难的尴尬境地。

当企业遇到困难或者问题时，一些企业管理者总是想从员工身上节省成本，他们或者削减员工工资，或者干脆裁员，这些都是很习以为常的做法。其实，这种做法简单却危险。虽然这样做见效很快，能够起到立竿见影的效果，但很多企业管理者并不知道这样做的潜在隐患，裁员彻底摧毁了员工心里对企业的信任，打破了企业内部同心协力、共同奋斗的工作状态。

只有认清两者之间的关系，使雇主与雇员之间达成"双赢"，才是最完美的。要知道，优秀的员工并非唾手可得，任何优秀员工的成长都需要企业多年的培养。

所以说，员工和老板的关系在更高的层面上是和谐统一的。对

于老板而言，公司的生存和发展需要员工的忠诚和贡献，只有这样公司的业务才能发展；对于员工来说，希望得到应有的报酬和精神上的愉悦感，因为员工需要依赖公司这个平台才能发挥自己的聪明才智。其实老板和员工就是一条船上的合作伙伴，船就是共同经营的公司。相互信任才会披荆斩棘，共渡难关；齐心协力才能乘风破浪，勇往直前。但无论你是老板还是雇员，请永远记住一条真理：只有"双赢"才能长久。

完善留人机制

在管理的过程中，合理的人才流动是正常的，但是如果出现比较高的员工离职率，那就要引起我们的重视和警觉。我们要反思我们的管理体系、管理制度、管理方法、企业环境是否有利于留住员工，是否能吸引住员工，是否能激励员工。

思科公司是全球领先的互联网解决方案供应商，它在人事管理上面实行的政策就是：人皆有股。因为思科公司的利润每年有60%的增长速度，所以对人才有迫切需求。为了留住原有人才，同时吸引优秀人才来思科，踏踏实实地为思科做研究开发，思科总裁钱伯斯采用了"人皆有股"的办法。思科不像其他硅谷公司那样，只把公司期权的全部或大部分分配给高级管理层，钱伯斯实行的是真正意义上的"人皆有股"，只要是思科公司的员工，每人就都有股份。

思科的薪水结构由工资、奖金、股票三部分构成，而思科的薪水和企业一起成长。思科一年会做一至两次薪水调整，不断更新。薪水的涨幅跟每个人的能力直接挂钩，业绩好会多涨，业绩平平涨得少。在硅谷流行着这种说法：年仅30岁的思科年轻技术人员随随便便就可以丢下100万美元，买下一幢人人称美的豪宅。但是在思科，员工们对工资多少并不是很在意，他们更关心通过自己的努力工作，可以拥有多少股票。因为，这几年员工手中的思科股票，每年增值最少要翻一倍。

"人皆有股"的股权制度，成了思科拴住人才的无形绳索。员工们明白，只要留在思科努力工作，自己也能有很大的"钱"途。以钱伯斯为首的思科人才队伍也从"人皆有股"的制度中，依靠公司分配的期权股票大幅度地增加了收入。比如在1999年度，思科支付给钱伯斯的薪金加上各种奖金及补贴仅100万美元，但分配给他的期权股票却使他当年的额外收入达到了1亿多美元。

俗话说得好："没有梧桐树，引不来金凤凰。"从这个例子我们可以看出，高薪留人是留住人才的一个重要杠杆。高薪留人无疑是保持一只高素质团队的有效措施。换而言之，企业对于适合的人才，一定要给予令其满意的报酬。

良好的环境和氛围能稳定人心

有一个有趣的故事，美国西雅图华盛顿大学准备修一座体育馆，消息传出来以后立即引起了教授们的反对。原来，校方选择的地址是华盛顿湖畔，体育馆的选址正好挡住了从教职工餐厅玻璃可以看到的美丽湖光，校方最终尊重了教授们的意见，取消了体育馆计划。原来，和美国其他大学相比，华盛顿大学教授的工资并不高，之所以它能吸引那么多的人才，完全是因为教授们留恋西雅图的湖光山色。为了美丽的景色而放弃更高的待遇，这的确是很有意思的事情。

同样的道理，企业也可以用美丽的风光来留住人才。美景不一定是自然风光，还可以是企业健康、和谐的文化氛围。所以说，企业管理者要注重培养企业文化氛围，只有企业有了良好的文化氛围，才会使员工产生归属感、认同感和忠诚心，从内心里毫无怨言地努力奉献，这才是从根本上留住了人才，稳住了人心。

第九章

束缚自己的权欲，放开下属的手脚

只需下达目标，不必布置细节

领导在实际工作中，只需向员工下达工作目标就可以，不必布置细节。比方说，让员工推销一批商品，只需告诉他销售份额和经济合同法的一些知识，不用具体到去哪家商店，如何攀谈。安排部下编制一套管理软件，只需说明要求，不用告诉他使用哪种语言、如何编。管理到一定程度就可以，过度的管理反而适得其反。

首先，过度管理不利于部属发挥积极性。解决问题的途径可以有100种，主管的方法不一定是最好的，或许员工有一套好方案，但主管早安排好了一切，也只能照办。员工失去了参与和挖掘潜能的机会，必定挫伤积极性，慢慢就会养成不动脑子、一切依赖领导的"阿斗"作风，失去想象力、创造力和积极性。

其次，过度管理不利于培养锻炼员工的工作能力。很多主管不信任部属的能力，担心员工办砸了事，左叮咛，右嘱咐。一般来说，主管的水平、工作能力要比部属高，指令也科学、合理。你过细的指令或许会使部属少走许多弯路，可部属体验不到通向捷径路上的荆棘坎坷，就得不到锻炼和提高。

领导的任务就应当是统领全局，抓紧大事，而不应将精力耗在细枝末节之上。海尔集团的总裁张瑞敏先生的做法就很值得我们借鉴。张瑞敏喜欢授权管理，习惯只出思路，具体细化则由下面的人去做。海尔各部均独立运作，集团只管各部一把手。集团先任命一把手，由一把手提名组建领导班子后，集团再任命副职和部委委员。一切配备完毕后，只有资金调配、质量论证、项目投资、技术改造这些大事由集团统一规划，其余问题由各部自管。

合理的授权是让领导做领导最该做的事，下属做下属最该做的事。韩非子说："下君尽己之力，中君尽人之力，上君尽人之智。"一个优秀的管理者若想成为"上君"就一定要做好授权管理，不必事必躬亲，布置细节。

大权独揽，小权分散

作为管理者，并不意味着自己什么都得管，而应该是大权独揽，小权分散。做到权限与权能相适应，权力与责任密切结合，奖惩要兑现。

杜邦公司能在美国经济发展中占据举足轻重的地位，就是做到了大权独揽，小权分散。

19世纪，杜邦公司实施的是单人决策式管理，领导者对公司实行强权控制，事无巨细亲自过问，为此还累死了两位副董事长和一位财务委员会议议长，使公司一度陷入危机，差点转卖给杜邦家族以外的人经营。

到了19世纪末20世纪初，杜邦公司决定抛弃单人决策式管理，实行集团经营模式，建立执行委员会。由于采取了新的措施，公司再度兴旺。但此时，杜邦公司依然属于高度集权式管理。

第二次世界大战之后，杜邦步入多元化经营阶段，但由于高度集权式管理的局限，多元化经营使集团遭到严重亏损。经过分析，杜邦实行了组织创新，由集团式经营向多分部体制转变，总部下设分部，分部下设各职能部门，这一时期，集权已开始向分权转变。

20世纪60年代初，杜邦又面临一系列困难，危机重重。1962年，被称为"危机时代领跑者"的科普兰担任公司第11任总经理。但是1967年底，科普兰把总经理一职让给了非杜邦家族成员的马可，这在杜邦历史上是史无前例的，财务委员会议议长也由他人担任，科普兰只担任董事长一职，从而形成了"三驾马车式"的组织体制。他说："三驾马车式体制，是今后经营世界性大规模企业不得不采取的安全措施。"事实证明，科普兰的革新是非常成功的。

由此可见，大权独揽，领导者容易偏执和独裁，使公司陷入困境；将小权分散下放，善于分配工作，并进行有效的指导和控制，使下属有相当的自主权、自决权和行动权，是比较安全保险的管理模式。

领导者进行工作指派与授权后，对下属所履行的工作的成效仍然要负全部责任。也就是说，当下属没有做好指派的工作时，领导者将要承担其后果，因为前者的缺陷将被视同后者的缺陷。另一方面，为确保指派的工作顺利完成，领导者在授权的时候必须为授予权力的下属定下完成工作的责任。下属若无法圆满地完成任务，则授予权力的领导者将追究其责。

授权应避免"功能过剩"

一名成功的领导者应该知人善任，充分发挥下属的工作潜能，实现组织人力资源的有效利用。能职匹配，既要考虑能否胜任其职，也要防止"功能过剩"，即避免"大材小用"。

如何避免功能过剩：

1. 任人标准不可太高

任人标准定得太高，超过实际需要，必然使人望而却步。对一些进取心、事业心较强的人来说，这是一种具有挑战性的工作，但是，一旦上任，发现其"轻而易举"，毫无进取空间，就会另谋他就。

2.任人标准不可太过严苛，应带有一定"弹性"

太过严苛，容易增加压迫感，使人望而生畏。应根据具体需要，分为必要条件和参考条件两种，必要条件即是从事某工作不可缺少的必备条件，参考条件有之则好，无之也可。在备选人员较多的情况下，必要条件可高一些，反之，则可低一些。当然，也必须以"胜任工作"为原则。

3.取消一切不必要的标准

例如，要求一位市长精通农业耕作，要求一位经理熟悉文学创作，要求一位电工具有较强的口头表达能力，恐无必要。

一个公司只有做到能职匹配，使人尽其才，物尽其用，才能保持上下齐心的大好局面。

既要防止"功能过剩"，也要避免"大材小用"，做到"人尽其能"。作为一名领导者，需要对员工的才能、兴趣了如指掌，针对某项特定的工作选择适合的人来做，或者为特定的员工安排适当的工作，做到"人得其位，位得其人"，追求人与事的相宜。

妨碍下属就是妨碍自己

一个无能的领导，不仅不能对下属的工作起到推动作用，而且还会妨碍下属的工作。在一个组织里，如果这样的领导越多，效率肯定越低，这样的领导以妨碍别人的工作显示自己的权威，满足自己的虚荣心，却没有想到这样做反而减少了自己的工作业绩。你想想，你的下属没有把工作做好，你的上司会表扬嘉奖你吗？

这样的领导做事往往独断专行，他们对下属提出的意见，不论好坏，只管一味否决。

"我没听说过这件事。"

"这件事现在不能跟你提起，因为现在经理正在发脾气。"

"这件事若要我突然地报告部长，他不会采纳的，而且还会责怪我胡乱请示，所以我不敢接纳。"

"这笔预算不会批准，因为我没有信心去说服他们。"

为了避免这样糟的局面产生，作为领导，一定要注意隔一段时间，就要有意识地反省一阵子。不要只顾瞎指挥，要自我检讨，看自己是否经常妨碍下属的工作，是否应该给他们一些支持、帮助和鼓励，他们恰恰很需要这些。如果答案是肯定的，就应马上改变立场，赶紧转妨碍为大力支持，不要再独断专行，只有这样才能赢得下属的好印象和充分的信赖。要知道，作为一个领导，这些对你可是最重要的，如果众叛亲离，成了光杆司令，奋斗多年取得的职位，也有失去的可能。

作为一个领导要全力支持下属的工作，因为妨碍你的下属，就是妨碍你自己。聪明的领导，总是给下属提供自由的工作环境和广阔的施展空间；聪明的领导，在把任务交给下属以后，就不再去干涉他们。虽然他们也在恰当的时候与下属一起商讨最佳的解决问题的方案、最优的完成任务的方法，但是该如何处理交给他们的事情，他们却让下属自己做决定。

宁要"烂沿桶"，不要"漏底桶"

一位姓任的先生谈到，在他当经理时，提拔了在群众中威信不高的李某任二级部门的负责人，而没有重用威信较高的苟某。有些职员感到领导这样做不顺应民心，忍不住去问他："这次人事变动在群众中引起很大的反响。无论从工作态度、工作效果，还是群众威信看，李某都比不过苟某，你为何提李某而不提苟某？"

任先生听罢，笑着说："这个问题你们提得很好。苟某有些方面的确比李某做得好。相比之下，李某脾气暴躁，人际关系搞得不好。但他办事能力强，分配的任务能够出色地完成，并且他原则性强。他女朋友想让他做证，多报销100元的出差费，他非但不做证，还坚持不让她再去找任何人做证。有一次我让他定期收回业务款项，由于某些人为原因他不能如期完成，他便背着领导和同事，乘车几百里地回到家中，凑齐款项如期交了上来。从表面看，苟某要比李某完善些，他善于交际，人际关系搞得很好。但他原则性差，代理出纳几个月，未经批准，私自借出钱款5 000元，这些钱大都成了呆账，且苟某办事能力低，遇难而退，没有吃苦耐劳、迎头而上的拼搏精神，从来没有独立完成过一件像样的工作，完不成任务总找一些看似圆满的借口，找客观理由，往别人身上推责任。

"从这些方面看，李某就像一只烂了桶沿的桶。表面上看起来难看，但桶的其他部分是完好无缺的，能盛将近一桶水。而苟某则像一只烂了桶底的桶。从表面看问题不大，实际上无法盛水。我们选人要有很强的原则性，重视的是具备独当一面，有办事能力的人。我相信，通过以后的了解，大家会慢慢服气的。"

这些职员心悦诚服，感叹说："你重视的是桶底，这是关键部位，是问题的实质，而我们只看到了非关键性的桶沿。"

有多大的权力就有多大的责任

当企业管理者把权力授权予员工时，应该让员工知道，他拥有的不仅仅是权力，还有与权力相匹配的责任。授权的同时，强调权责一致，不仅能够避免因为权责不一致而出现的滥用职权的情况，还可以培养员工勇于承担责任的能力。

　　某一书店店长为了激发员工的工作激情，决定在书店内部推行"授权管理"，将管理权限下移。他规定："各部门都可以在各自的职责范围内处理部门业务，只要是有利于书店业务发展的，不需要请示便可以自行决定。"这个店长原以为自己授权后可以轻松下来，不用再事必躬亲，然而让他始料未及的是，"授权令"一下达，反而给书店的管理工作带来了很大麻烦。表现最为突出的是，很多部门不是专心致力于书店业务的发展，而是相继制定起保护各自利益的"游戏规则"来。比方说书店的采购部为了不受监督不再执行以前的"采购请示"制度，根本不征询销售部意见就直接决定采购的类别和数量，最后造成了大量图书滞销，销售部门意见很大；而销售部门在制订图书促销计划的时候，也不再会同别的部门一起协商，为促进业绩，他们频繁促销，甚至独断专行地降低图书折扣。虽然销售业绩扩大了，但书店的利润却下滑很多。

　　其实，授权是要讲策略的。从责、权的关联度上看，授权有两种形式：授权授责与授权留责。前者是指授权同时授责，权责一致；后者则不同，授权不授责，如果被授权者处理不当，发生的决策责任仍然由授权者承担。从这个例子我们看出，在书店适宜推行"授权授责"，只有被授权者有责任、压力，这样才可增强使用权力的责任感，避免出现滥用权力的现象。

让下属明确各自的任务

　　美国管理学家泰罗说："为了提高效率和控制大局，上级只保留处理例外和非常规事件的决定权和控制权，例行和常规的权利由下属分享。"合理的授权是让领导做领导最该做的事，下属做下属最该做的事。一个优秀的管理者一定要做好授权管理，在授权的同时要下属明白应该怎样去做。

《汉书》第七十四卷《魏相丙吉传》记载，丙吉是西汉宣帝时一位贤相，他从一个小狱吏逐步提拔到丞相高位。他深通治国之道，辅佐汉宣帝励精图治，使得宣帝统治期间，"吏称其职，民安其业"，号称"中兴"，因此《汉书》对宣帝大为赞赏，曰："功光祖宗，业垂后嗣，可谓中兴，侔德殷宗、周宣矣！"

有一次丙吉丞相外出，在路上正好遇见因为皇帝外出清除道路、驱赶行人而发生的群斗，死伤横道的情景，丙吉从那儿经过时却不闻不问。同行官员掾史觉得很奇怪，又不敢问他，只得陪同往前走。走到另一个地方看见有人赶着一头牛，这头牛走得气喘吁吁，热得直吐舌头。这时，丙吉却让车子停下来，派侍卫人员问赶牛的人："你赶这头牛走了几里路了？"

掾史觉得丞相莫名其妙，刚才在前面路上死伤了人都不闻不问，这会儿却对一头牛为什么喘气问个不休。于是就讥笑着对丙吉说："丞相您是不是搞错了，您该问的不问，不该问的却问个没完。"

丙吉意味深长地对掾史说："百姓相斗而死伤了人，管这种事是长安令、京兆尹等官员的职责，应由他们派人去抓捕、审理。到年终丞相只负责考核他们的政绩是优还是劣，根据考核的结果奏明皇上对他们进行奖赏或惩罚就是了。作为一个当朝丞相，不应该亲自管一些不该自己去管的具体琐事，所以刚才路过群斗的现场，我就不加过问。奇怪的是，现在正是春令时节，天气不应该太热，我怕那头牛没走多少路就喘得那么厉害，是因为太热了。若是春令天就那么热，那是时令失调、不符合节气的征兆，气候反常对农作物和人都可能带来灾害。我身为丞相，是朝廷百官之首，我的职责就是要使国家风调雨顺、国泰民安。只要是有关这方面的情况，我都要负责争取预先搞清楚，才能做到心中有数。所以，我对牛喘气吐舌的现象就不能不亲自过问了。"掾史乃服，因为丙吉知大体啊。

管理是通的，古今中外莫不是同样的道理。要做好一名优秀的

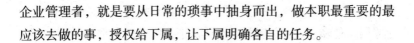

企业管理者，就是要从日常的琐事中抽身而出，做本职最重要的最应该去做的事，授权给下属，让下属明确各自的任务。

将责任转移给实际负责人

所谓授权，就是领导者将所属权力的一部分和与其相应的责任授予下属。合理的授权可以提高企业服务水平、增强市场竞争力，并且能不断创新和增强企业的灵活性，增强组织决策的效率和水平；同时也能使员工获得相应的信任与激励，充分发挥积极性与创造性，为企业做出更大的贡献；更能使企业管理层缓解压力，获得更多的时间去考虑企业的战略、市场的调整等重大问题。

领导者如何对待权力，反映了他的管理理念是进步还是落后。领导者的精力是有限的，不可能也没有必要凡事都亲力亲为。多想、多看、少说、少干，这是高明管理者必须掌握的原则。千万不要"事必躬亲"。你只有站在一旁观看，才能真正"旁观者清"而避免"当局者迷"，才能更公正、更有效地判断是非曲直，才能真正看清哪些事情是企业应该坚持的，而哪些事情是需要改进的。相反，如果一个领导不懂授权，事事都由自己来决策和执行，那么，事必躬亲的结果必然是一事无成。我们现在很多的领导，之所以陷入"越忙碌越盲目"的怪圈之中，就是因为他们事必躬亲、不敢放权。因此说一个领导不会放权就做不好领导，失去了做领导的最大资本，这绝非危言耸听。

美国前总统里根就是一个出色的授权者。他只关注最重要的事情，将其他事情交给手下得力的人去负责，因此自己可以经常去打球、度假，但这并不妨碍他成为美国历史上最杰出的总统之一。由此看来，有成效的授权对于领导本人、员工和组织都具有长期的效益。

明确目标责任是授权的前提，没有目标责任的授权，是无原则的授权，这样的授权无济于管理效益的提高和目标的实现。权力永远是与责任和利益相关联的，要让员工在明确权力的同时，明确责任和利益。只有这样员工的责权利一体化，员工才珍惜权力，正确有效地使用权力，才能最大限度地实现他们的岗位职责，实现授权的真正目的。

既要授权，更要控权

51 岁的高尔文是摩托罗拉创办人的孙子，也是许多人公认的好人。他个性温和，为人宽厚。1997 年，他接任摩托罗拉的 CEO 时，认为应该完全放手，让高层主管自由发挥。然而自 2000 年开始，摩托罗拉的市场占有率、股票市值、公司获利能力连连下跌。它原是手机行业的龙头，到 2000 年市场占有率却只剩下 13%，劲敌诺基亚则囊括 35%；股票市值也缩水 72%；到 2001 年第一季度，摩托罗拉更创下 15 年来首次亏损纪录。《商业周刊》当时给高尔文打分数，除了远见分数为 B 之外，他在管理、产品、创新等方面都得了 C，在股东贡献方面的分数是 D。

事实证明，由于高尔文放手太过，不善控权，因而没有掌握公司真正的经营状况。他一个月才和高层主管开一次会，在发给员工的电子邮件中，谈的尽是如何平衡工作和生活。

高尔文的放手哲学也许是对的，但问题出在他对公司真正的状况并不了解。摩托罗拉曾经公开宣布，要在 2000 年卖出一亿部手机，但是这个愿望最后被无情的现实击破。事实上，内部员工几个月前就知道目标无法达成，只有高尔文弄不清楚状况。他盲目地采取放手政策的结果是：组织没有活力，渐渐变成了一个庞大的官僚体系。摩托罗拉原有 6 个事业部，由各个部门自负盈亏。由于科技聚合，每个产品的界限已分不清楚，于是摩托罗拉进行改组，将所有事业部汇集在一个大伞下，结果整个组织增加了层级，变成了一个大金字塔。

一直到 2001 年年初，高尔文才意识到问题严重——摩托罗拉的光辉可能就要断送在他的手上。他开除了首席营运官，进行组织重整，让 6 个事业部直接向他报告。他开始每周和高层主管开会。高尔文终于下定决心改变自己"好人、放手"的作风，企图力挽狂澜，摩托罗拉也因此渐渐有了起色。

有的管理者认为自己既已授权，就可对任何事情都不闻不问。很显然，这是一种非常错误的观念。一个卓有成效的领导者，不仅是一个授权的高手，更应该是一个控权的高手。

监督监控要到位

真正的授权是指"放手但不放弃，支持但不放纵，指导但不干预"。监督监控其实是对授权的度的平衡与把握，在给予足够权力的基础上强调责任，将监督、监控做到位，授权的效果才会实现最大化。

很多人都知道"八佰伴"这个名字，作为著名的日本连锁企业它曾经盛极一时，光在中国就拥有很多家分店。可是庞大的商业帝国"八佰伴"为什么顷刻间便宣告倒闭了呢？原来，到了后期时，"八佰伴"的创始人禾田一夫把公司的日常事务全都授权给自己的弟弟处理，而自己却天天窝在家里看报告或公文。他弟弟送来的财务报告每次都做得很好。但事实上，他弟弟背地里做了假账来蒙蔽他。最后，八佰伴集团倒闭，禾田一夫"从一位拥有四百家跨国百货店和超市集团的总裁，变成一位穷光蛋"。几年后，禾田一夫在中央电视台《对话》栏目接受采访，主持人问他："您回顾过去得到的教训是什么？"他的回答是："不要轻信别人的话，一切责任都在于最高责任者。作为公司的最高领导者，你不能说'那些是交给部下管的事情'这些话，责任是无法逃避的。"

后来禾田一夫在回忆八佰伴破产的时候也承认，因为时代的进步需要更多的头脑来武装企业，所以家族式的管理已经不利于企业的发展。禾田一夫让其弟弟禾田晃昌做日本"八佰伴"的总裁，这本身就是一个典型的失败。在"八佰伴"的管理体制下，不但下面的人向上级汇报假账，连禾田一夫的弟弟也向禾田一夫汇报假账。

放权不是放任自流

早在1996年，美的就投入信息系统的建设，为美的提供一个数字化系统，实时地反映组织的运行状态，发现隐患后及时调整和控制。

但何享健并不依赖信息系统，他自己还有另一个多年经营留下的老习惯：定期到国内国外的市场去逛逛。虽然不直接插手一线的经营，但在市场考察时，只要发现了一些异常的信息，他回来就会安排相关的高层一起研讨，布置课题，寻找答案。

这显示了美的分权制度的另一面，重要决策权还是留在了集团总部里，因为何享健需要总部始终保持头脑清晰。随着美的业务规模的不断扩大，事业部总经理手里的资金审批权也不断放开，但是，在一些不属于事业部权限的方面，再小金额总经理也不能擅自决定。比如说，美的的投资由集团统一管理，事业部的任何重大投资项目都要向集团申报，事业部总经理可以决定1 000万元营销计划，但是200万元以上的投资项目都要经过集团审批或审查备案，因为美的关于投资管理方面的权限在《分权手册》当中规定得十分清晰明确，大致可分为：生产性项目、基建项目、非生产性项目、IT项目，并且实行四级管理体系。

美的的战略决策分 3 个层面：集团负责最高层的集团战略，比如，美的未来 5—10 年内的业务发展方向，是专注于做家电，还是去发展其他的产业等。二级平台负责企业战略，在产业层面如何竞争，比如，制冷集团会考虑如何在未来提高冰洗产品的竞争力。三级单位则负责竞争战略，例如，具体产品的竞争策略、市场定价等。所有的投资决策权都是由总部集中控制，由战略管理部门负责。这个部门会综合审批美的的各种投资项目，考虑项目的适当性和回报能力。之后，他们会把整个分析报告提交给决策层定夺。

何享健既要当教练，又要做裁判。他既要充分放权，给年轻人施展才华的舞台，又要"兼听则明"，对各项议题进行判断。所以，放权是有约束地放，而不是放任自流，否则将适得其反，前功尽弃。

用而有度，授中有控

我国历史上有许多高明的君主，在用将上都实行："将在外，君不御。"可是，话虽这么说，实际上还是一种授权后的控制。越是这样，这些将帅就越要注意，越要经常汇报情况，而不能脱离领导。正如松下幸之助讲的"君不御"是有条件的，条件就是下属必须"坚持经营方针，有使命感"。《孙子兵法》中讲的"将能君不御"，"君不御"的前提也还是要"将能"。"将能"包括：一是有能力，有搞好工作的本领；二是能够自觉地以高度负责的精神把工作做好。领导者在授权前掌握住"将能"，实际上也就是掌握了授权后的控制权。一些领导者之所以在授权后显得很超脱，能够做到"轻松自如"，原因就在这里，因为他是在实行不控制的控制。

《韩非子》里有这样一个故事：鲁国有个人叫阳虎，他经常说"君主如果圣明，当臣子的就会尽心效忠，不敢有二心；君主若是昏庸，臣子就敷衍应酬，甚至心怀鬼胎，虽表现上虚与委蛇，然而暗中欺君而谋私利"。

阳虎这番话触怒了鲁王，阳虎因此被驱逐出境。他跑到齐国，齐王对他不感兴趣，他又逃到赵国，赵王十分赏识他的才能，拜他为相。近臣向赵王劝谏说："听说阳虎私心颇重，怎能用这样的人料理朝政？"赵王答道："阳虎或许会寻机谋私，但我会小心监视，防止他这样做，只要我拥有不致被臣子篡权的力量，他岂能得遂所愿？"赵王在一定程度上控制着阳虎，使他不敢有所逾越。阳虎则在相位上施展自己的抱负和才能，终使赵国威震四方，称霸于诸侯。赵王重用阳虎的例子给我们现代管理者的一个启示就是，领导者在授权的同时，必须进行有效的指导和控制。这样既可以充分地利用人才，又可以避免因下属异心而导致管理上的危机。

授权如同放风筝

企业管理者的授权，要掌握度。授权不是下放领导者的所有权力，重大方针政策的监督检查权、决策权、例外事项的决策权不应下放；否则，授权就成了放弃领导。

一日，东京某涉外饭店的豪华餐厅里，有一位从美国来的客人对送上来的牛排不太满意，他认为这个牛排熟得太透。于是，他叫来服务生。服务生用极其谦恭的态度认真倾听他的抱怨之后，对他说："请您稍微等一下，符合您口味的牛排马上就能上来。"说完，服务生立即拿走牛排，继而吩咐厨房按照客人的口味另烤一块送来。

看上去，这是一件很不起眼的事情。但是，在这个事情的背后，是这家饭店正在力推的组织变革——授权管理。饭店的老板认为，服务生是直接面向客人的，应该给服务生更大的权限来服务于客人。于是，我们就看到这个场景：服务生无须请示任何人，能够自主地为客人解决问题。这样，整个饭店的运行效率就会因此而大大提高。

授权是一门艺术，如果授权运用得好，不仅可以使管理更为有成效，而且可以调动员工在工作中的主动性、积极性和创造性，激发员工的工作热情，提升企业的竞争力，促进企业的运行效率。善于授权的管理者能够创造一种"愉悦气氛"，使员工在此"气氛"中自愿从事富有挑战性的工作，使企业出现一种和谐共事、创新共进的局面。

政策制定要集权，执行可授权

集权是指一切决策权均集中在上级机关，下级机关必须依据上级的决定和指示行事；而分权是指下级机关在自己管辖的范围内，有权自主决定做什么和怎么做，上级不必加以干涉。当企业规模发展到一定阶段，规模与效率的冲突就变得日益明显。这时，集权还是分权就成了企业管理中一个复杂而艰难的问题。处理集权与分权的关系，既要防止"失控"，又不能"统死"。

集权与分权是一对欢喜冤家，既互相矛盾，又密不可分。怎样才能化解它们之间的恩恩怨怨，使之发挥最大的整体协调效应呢？要达到这一目标，可遵循这样一条原则：政策制定上的集权和执行上的分权。

在现实的企业管理中，关于集权与分权的发展趋势是最大限度地放权，实行扁平化管理。其主要依据有以下几条：

（1）随着社会生产力的发展，世界产品市场正逐步由卖方市场向买方市场转移，市场需求向多样化、个性化方向发展，市场划分越来越细，企业对市场变化做出反应的时间要求越来越短，市场机会稍纵即逝；同时，企业做出正确决策所需信息量越来越多而且越来越详细，这就必然要求充分发挥底层组织的主动性和创造性，充分利用其自主权来适应他们所面对的不断变化的情况。

（2）如果决策集中在最高层组织，则传递有关决策的信息的成本会越来越大，所需时间会越来越长，不利于企业对市场需求变动快速做出反应。

（3）即使最高层领导的经验丰富，判断力极强，但如果决策职能过分集中，则会造成其负担过重，陷入具体事物不能脱身，也就没有时间做出更重要的决策。为了更好地适应市场，发挥多样化经营的优势，企业应该及时调整组织结构。

战略上集权，管理上授权

老总，就应该只管战略上的事。

顺驰，作为1999年12月成立的"中城房网"（中国城市房地产开发商协作网络，由全国各城市的主流开发商组成）成员单位之一，在1995年7月，开发了顺驰第一个项目——香榭里小区。随后，在11月顺驰第一次开发了成片地产项目——14万平方米的顺驰名都。与房地产开发同步，顺驰销售代理公司除了销售自己的楼盘外，从1996年开始，福东北里和华苑居华里小区都由顺驰独家代理销售，顺驰置业终于坐上了天津销售代理的第一把交椅。这个过程，顺驰采取的是开发、代理两条腿走路的政策，开发公司为代理销售公司提供一定的产品，代理销售公司就成了开发公司的"耳目"，哪个地方的楼盘好卖他们都一清二楚。孙宏斌作为顺驰集团董事长，在这个时候仍然是完全放权，他只管经营战略的事情，不管管理的事情。

孙宏斌笑言道："我自己不太会做事，从一开始的时候都是靠大家去做事。这个公司从成立到现在我从来没有签过字，当然，除了自己向财务借钱。我是一个优柔寡断的人，我自己做事往往做不成。"

孙宏斌在 2003 年创建了融创集团，顺驰中国也在 2004 年完成了 95 亿元的销售额，同时顺驰置业在全国拥有了近千家连锁店，初步完成顺驰置业网的战略布局。但这时的孙宏斌依旧躲在幕后，只在战略上把关，不参与各个集团的实际管理。

"我们有完善的制度，一切都是透明的，所以，我是百分百的放权。当然，我们也有零容忍：公司的价值观是不能被破坏的，一旦发现员工有破坏公司价值观的行为，这人就会马上被清除出去。公司业务飞速发展，我觉得我自己并没有起到多大的作用，具体活我干得特别少。我一直不怎么上班，所有的项目都交给我的手下，只是我有什么想法就会和他们说，他们不给我打电话，也很少主动找我，除非是我主动找他们，他们没有什么做不了主的。"孙宏斌一脸"你得认"的表情。

2005 年，全球第二轮互联网热开始。万事俱备，只欠上市的顺驰置业被软银和凯雷相中，4500 万美元的巨额投资之后，顺驰置业改为顺驰（中国）不动产网络集团，美国纳斯达克张开双臂随时欢迎孙宏斌的到来，就像香港股市和上海股市期待孙宏斌的感觉一样。

有效的领导力来自充分授权

把工作交给部下的最大好处在于节约了管理者的时间。企业的领导将任务交给员工去处理时，他就会有更多的时间去处理别的事情。

井深大刚是索尼企业的一名功臣。在井深大刚进索尼公司时，索尼还是一个小企业，总共才有 20 多名员工。老板盛田昭夫信心百倍地对他说："你是一名难得的电子技术专家，你是我们的领袖，好钢用在刀刃上，我把你安排在最重要的岗位上——由你来全权负责新产品的研发，对于你的任何工作我都不会干涉。我只希望你能发挥带头作用，充分地调动全体人员的积极性。你成功了，企业就成功了！"

这让井深大刚感受到了巨大压力。尽管井深大刚对自己的能力充满信心，但是还是有些犹豫地说："我还很不成熟，所以虽然我很愿意担此重任，但实在怕有负重托呀！"盛田昭夫对他很有信心，他坚定地说："新的领域对每个人都是陌生的，关键在于你要和大家联起手来，这才是你的强势所在！众人的智慧合起来，还能有什么困难不能战胜呢？"

盛田昭夫的一席话，一下子点醒了井深大刚。他兴奋地道："对呀，我怎么光想自己？不是还有20多名富有经验的员工嘛！为什么不虚心向他们求教，和他们一起奋斗呢？"于是，井深大刚信心满满地投入工作当中。就像是盛田昭夫放权给他一样，他把各个事务的处置权下放给各个部门，比如他让市场部全权负责产品调研工作。

与此同时，井深大刚让信息部全权负责竞争对手的产品信息调研。在研制产品的过程当中，井深大刚和生产第一线的工人团结协作，终于合伙攻克了一道道难关，于1954年试制成功了日本最早的晶体管收音机，并成功地推向市场。索尼公司凭借这个产品，傲视群雄，进入了一个引爆企业发展速度的新纪元。

在这个事例中，我们应该注意到最为重要的两个环节：盛田昭夫放权给井深大刚，井深大刚放权给其他部门。在充分授权下，索尼公司发挥出了团队的整体作用，调动了每一位员工的积极性，把团队的力量发挥到了极致，从而取得了巨大成功。

对于企业管理者而言，把工作交给下属，这是一件非常重要的事情。只有把工作任务交给下属去完成，才能提高下属的知识和工作技能，从而给自己留出更多的时间进行管理工作，让自己成为一名卓越的管理者。

第十章

授中有控，不要让权力变了形

授权必须遵守原则

管理者面临的各项事务纷繁复杂、千头万绪，任何管理者，即使是精力、智力超群的管理者也不可能独揽一切，授权是大势所趋，是明智之举，现在的问题是在授权中应遵循什么样的原则，从而实现授权的目的。

1. 目标原则

实现管理目标是管理工作的最终追求，授予某个人的职权应该足以保证他能够实现目标。许多管理者在授权时，对哪些职权应该授予、哪些职权必须保留的问题考虑得较多，而忽略了团队的目标。

授权的目的是让被授权者拥有足够的职权能顺利地完成所托付的任务，因此，授权首先要考虑应实现的目标，然后决定为实现这一目标下属需要有多大的处理问题的权限。只有目标明确的授权，才能使下属明确自己所承担的责任。盲目授权必然带来混乱。要做好按预期成果授权的工作，必须先确定目标，编制计划，并且使大家了解它，然后为实现这些目标与计划而设置职务。

2. 举贤原则

"职以能授，爵以功授。"授权不是单纯的权力和利益的再分配，而是对下属德才素质有较为详细的了解后，根据每个人的才能和特长授予相应的权力，保证权才相符。一般来讲，工作难度应比承担工作者平时表现出的个人能力大些，使其产生压力感，完成工作才有成就感。

向下属授权过大，就会出现大权旁落的局面；授权过重，则超过对方能力与承受限度；授权过轻，则失去授权的意义，不利于下属尽职尽责。授权尤其要注意选好受权者，如果人选不当，不但难以达到预期的效果，甚至会降低管理者的威信，给组织管理带来负面影响。

3. 留责原则

从权、责内容上看，授权有两种形式：授权授责与授权留责两种。前者如同分权一样，授权同时授责，权责一致；后者则不同，授权不授责，如果被授权者工作处理不当，出现的决策责任仍然由授权的管理者自己承担。

这两种形式各有利弊，授权授责，被授权者有责任，就有压力，就会有正确运用权力的责任感，可以防止其滥用所授予的权力；但也给被授权者在行使决策权进行创造性活动带来巨大的压力与精神负担，由于惧怕自己的失误会给组织带来危害，影响自己的前途，因而不能充分行使其被授予的权力，最终影响了工作的效能。

而授权留责，一方面可以使被授权者增强对管理者的信赖感，工作更放心、更放手；在决策责任面前，管理者要多承担责任，坚持推功揽过的原则，有利于激发下属的主动性、创造性，有利于较好地树立领导者的崇高权威。

一般说来，为了锻炼培养干部、接班人，为了处理突发的危机事件而进行的授权，宜采取授权留责的形式；而其他情况下的授权以授权授责为宜。但是，这只是大致的划分，无论采取何种形式，授权活动在性质上是管理行为，出现任何责任后果，管理者都有不可推卸的责任，应是责任的主要承担者。

4.权责对等原则

职权是执行任务时的自决权，职责是完成任务的义务，因此，职权应该与职责相符。在实践中要避免出现有权无责或权责失当的现象。在实际工作中，下级人员总是希望增加他们的职权，而同时减少他们的职责；上级人员则要求下级人员多承担职责，但又不愿意给以必要的职权。

这两种做法都欠妥当。如果有权无责，用权时就容易出现随心所欲、缺乏责任心的情形；如果责大于权，则会增加工作难度，难以调动下级的工作热情；只有全面权衡，找准权责对等的契合点，才能提高管理效能，使个人与组织共同获得发展的机会。

5.激励原则

"疑人不用，用人不疑"，授权于下属，是对他们的信任，可建立良好的人际关系，使下属对自己所从事的工作充满自信心，有利于提高工作效率。在授权的同时，应对部下进行适当的激励，比如称赞其完成任务的优点和有利条件，当然也要指出应注意和克服的短处等，以充分调动其积极性。

因此，授权可以开发下属的潜能，为他们提供个人成长、发展的机会，使他们在实践中受益；通过授权，也可使下属参与决策，了解工作程序，激发其工作热情，增加对团队的归属感，提高团队的决策水平，增强下属的自身实力。

6.逐级授权原则

管理者所授予下属的权力是管理者自身职务权力范围内的决策权，即管理者自身的权力。如高级主管只能将自己所享有的决策权授给自己直接管理的中层主管，而不能把高级主管所拥有的权力授给中层主管的下属，这样实质上就侵犯了自己下属的合法权利，是越级授权，会导致下属有职无权，工作被动，引起自己与下属之间、下属与下属之间的矛盾。另外，授权要专一，同一权力不能同时授予两个或两个以上的人，以避免职责不明，致使工作混乱。

7. 适度原则

授权要适度。如果授权过宽、过度，超过被授权者的能力所承担的限度，会出现小材大用的情况；超过所处理事务的需要的过度授权，就等于管理者放弃了权力，导致下属的权力泛化，使管理者无端地被"架空"。

授权过窄、不足，则不能充分调动下属的积极性，不能使其充分发挥才能，出现大材小用的情况；下属也不能充分地代表管理者行使权力，处理相应的事务，还得事事请示汇报，管理者仍不能从繁杂的事务中解放出来，达不到授权的目的。适度授权就是要求管理者授予下属的权力要精确、充分，它是建立在目标明确、职责清晰基础上的授权。因此，授权要做到下放的权力刚好够下属完成任务，决不可无原则地放权。

8. 可控原则

坚持可控授权的原则，可以有效地防止所授予的权力被滥用。授权只是将管理者应当独享的权力授予下属的活动，管理者并不会因为授权而丧失其管理主体的地位，并且仍是授权责任后果的最终承担者。

正确的授权，不是放任自流，撒手不管，不是放弃其职能，授权时必须有办法确保权力得到恰当使用。控制的目的在于发现和纠正下属行使权力时偏离目标的现象，而不是干预下属的日常行动。管理者要能灵活掌握授权的范围和时间，根据工作的开展和需要随时调整，能放也能收。

受权人的汇报义务是授权的本质要求，汇报绝不是可有可无的，必须要求下属自觉汇报工作的进程和结果，必须对下属进行有力的指导监督，因此，要掌握对被授权者进行检查、监督的权力。应切记的是：授权不等于弃权，类似于决定组织前途与结果的最终决策权，必须牢牢掌握在自己手中。

授权三要素

所谓授权，是指将分内的若干工作交托给下属去做。授权行为本身是由三个要素构成的，即工作指派、权力授予及责任创造。

1. 工作指派

在授权过程中，工作的指派，向来是最受管理者重视的。不过，一般管理者在指派工作时，往往只做到令下属获悉工作性质与工作范围，而未能令下属了解他所要求的工作成效。这一点可以被视为管理过程中的一大败笔，因为一旦下属对管理者所期待的工作成效不甚了解，则其工作成果肯定不够水准，即使超过水准，从人力资源有效运用的观点来看，这两种情况也都是不好的。其次，并非管理者分内的所有工作均能指派给下属履行。例如，工作目标的确立、政策的研拟、员工的考核与奖惩措施等工作，都是管理者维持控制权所不可缺少的。因此它们均需管理者亲自操作。

2. 权力授予

在指派工作的同时，管理者应对下属授予履行工作所需的权力。这就是"授权"两个字的由来，管理者所授予的权力应以刚好能够完成指派的工作为限度，倘若授予的权力超过了执行工作的需要，则势必导致下属滥用权力。根据现代管理学者哈维·施尔曼的看法，授予的权力大小可以分为6个层次：

（1）审视这个问题，告诉管理者一切有关的实况，管理者将自行制定决策；

（2）审视这个问题，让管理者了解含正、反意见的各种可行途径，并建立其中的一个途径供管理者做取舍；

（3）审视这个问题，让管理者了解你希望怎么做，在管理者同意之前不要采取行动；

（4）审视这个问题，让管理者了解你希望怎么做，除非管理者表示不同意，否则你可照你的意思去做；

（5）你可采取行动，但事后应让管理者知道你的所作所为；

（6）你可采取行动，而不需要与管理者做进一步的联系。

以上6个层次，第一个层次所授予的权力最小，但是它所期待履行的任务也相对最轻。第六个层次所授予的权力虽然大到令下属可以独立决断，但这并不排除管理者对所授的权力做必要的追踪、修正，甚至收回的可能性。

3. 责任创造

管理者从事工作指派与授权后，仍然对下属所履行的工作的成效负全部责任。

这是说，当下属无法做好指派的工作时，管理者将要承担其后果，因为前者的缺陷将被视同后者的缺陷。可是，有些管理者在下属无法做好指派的工作时，企图将责任推卸到下属身上，这种做法显然是不正确的。

另一方面，为确保指派的工作顺利完成，管理者在授权的时候必须为承受权力的下属定下完成工作的责任。下属若无法圆满地执行任务，则授予权力的管理者将追究其责任。

你不可不知的授权类型

一般而言，职权范围是随着具体的任命而确定的。有岗就有职，任职就有权。一个人当了管理者、有了法定权后，就应向下属合理授权。这种管理行为是因时因地制宜的，因而有不同的类型。

任何授权都是有期限的，以授权的时间长短为依据，可将授权分为长期授权和短期授权。长期授权是指下属对权力的使用期相对长些，短期授权是指下属对权力的使用期相对短些。授权使用期的长短，均以工作的需要和条件的许可而定。

根据授权目的，可以将授权分为因人授权和因事授权。因人授权是为特定人员设置特定工作，为他们创造一个施展才能的天地；因事授权是为完成特定工作而授权于特定人员，目的是完成任务。

由于传达命令的方式不同，因而有了书面授权与口头授权之说。书面授权，是指将权力以书面形式授予下属的一种方式，这种授权方式比较庄重，使用期也相对长些；口头授权，是指在管理过程中，将某项工作或某一方面的权力和责任口头授予下属，口头授权多属于临时性授权或随机性授权，这种权力往往随着工作任务的完成而被上级收回或自行取消。

根据授权范围的明确程度和授权方式，可将授权分为含蓄性授权和明确性授权。含蓄性授权，指管理者并未给下属以具体明确的工作权限范围，但在实际的管理过程中，经常让下属以自己的名义和在自己的权限内从事管理活动，在这种授权方式下，管理者可以灵活地掌握下属获得权限的时间和内容，也便于训练和考察潜在的管理者。明确性授权，指管理者通过正式的文件，为下属规定了具体明确的工作职责范围和决策权限，这种授权方式又被称为正式授权，可以稳定管理者与下属之间的职权关系，以契约的形式规定下来可以避免管理职权的过度集中化。

根据授权主体的不同，可将授权分为集体授权与个人授权。集体授权，指经过集体讨论研究后，将某一方面或某一部分权力授予某人，集体授权属于常规授权的一种，这种授权多是常规的、行文的，既可以在任命干部的同时授权，也可以在任命干部后授权，还可以在非任命时授权；在管理活动中，常有某位管理者自己决定将属于自己的一部分权力授予下属，或口头或书面，或临时或长期，这种授权即为个人授权，个人授权往往在该管理者被调离原岗位后被新管理者收回。

根据指示内容的明晰程度与范围大小，可以将授权分为刚性授权、柔性授权、模糊授权和惰性授权。刚性授权，是指管理者在授权时，试图非常精确地划定授权的范围，授权者对被授权者的职务、责任及权力均有十分明确的规定，下属必须严格遵守，不得渎职，这种授权方式限制了下属的主动性、创造性和个人发展；柔性授权，是指管理者对被授权者不做具体工作的指派，仅指示一个大纲或者轮廓，被授权者有很大的余地做因时因地因人的随机处理；模糊授权，具有明确的工作事项与职权范围，管理者在必须达到的使命和目标方向上有明确的要求，但对怎样实现目标并未做出要求，被授权者在实现目标的手段方面有很大自由发挥和创造余地；惰性授权是指管理者由于不愿意多管琐碎纷繁的事务，且自己也不知道如何处理，于是就交给部下处理。

管理者需要掌握的授权技巧

授权管理是科学管理中最重要的环节，也是管理方法与管理艺术的最集中体现。如果管理者运用得当，既可以使管理者减轻负担，提高工作效率，又可以培养锻炼干部，发现人才；反之，如果授权失当，管理者不仅会为纷繁杂乱的事务所困扰，增加工作负担，甚至节外生枝，惹出许多麻烦。作为管理者，授权必须讲究艺术，要掌握一定的授权技巧。

1. 选对授权的对象

成败在人，选准授权的对象，关系着事业的前途。

首先，应选择勇于承担责任的人，有些人在自己负责的工作发生失误或延误的时候，总是要找出一火车的理由。这种将责任卸得一干二净的人，实在不能信任。员工负责的工作，可说是由上司赋予全责的，不管原因何在，员工必须为错误负起全部责任。如果上司问起错误的原因，必须据实说明，千万不能有任何辩解的意味。把责任推给同事或下属，并不能免除自己的责任。一个被授权者必须有"功归部属，失败由我负全责"的胸怀与度量才行。

其次，被授权者应忠诚。一般来说，管理者下达的命令，下属无论如何都得全力以赴，忠实执行，这是下属干部必须严守的第一大原则。如果下属的意见与上司的意见有出入，当然可以先陈述自己的意见，但若陈述后，上司仍然不接受，就要服从上司意见。

除了以上品质外，良好的被授权人还应具备以下特点：做上司的代办人，把上司的决定当作自己的决定并向外界做详尽解释；知道自己的权限；能向上司提出所辖部门目前的问题，以及将来必然面临的问题，同时一并提出对策，供上司参考；努力消除上司对人或事的误解；准备随时回答上司的提问，当上司问及工作的方式、进行状况，或是今后的预测，或有关的数字，他必须能够当场回答；经常请求上司指示；能提供情报给上司。管理者与外界人士、部属接触的过程中，经常会得到各种各样的情报；这些情报，有些是对公司有益或是值得参考的。管理者必须把这些情报谨记在心，事后把它提供给上司。

2. 善派任务，妥善分工

管理者如果能干，定能将下属的工作分配得极为妥当，激发下属的工作热情，避免下属有反抗的心理。善于分配工作的好上司要经常检查每个人负责的工作内容，适当地估计工作的质与量，以求分配合理。应全面考虑完成某份工作所需的时间。若给员工加派其他工作，会先考虑员工本身工作进行的状况。

重要的工作，可托付给终日忙碌的人。这里所说的"忙碌"的人，就是会工作的人，甚至是会找出工作的人。真正能干的人，会不断地自觉发现工作上的问题，并动手去解决。因此，他也会获得上司或同事的青睐，经常有人找他帮忙。委托这种人工作，酬谢的代价亦须比别人多，给予有诱惑力的褒奖，对他本身和其他人，都会有激励作用。但你不能以为只要给优厚的待遇、高等的地位，就能不停地偏劳他，因为这样会把他逼到过分劳累的境地。因此，当你的部属完成一件重要工作后，你要让他充分休息，要有这种体贴部属的心意才好，主管本身在制作预定表、分配工作的时间时，要注意到这一点，避免偏劳任何部属。

3. 善于发出指令

管理者要全力以赴抓大事，大事就是全面的、根本性的问题。对于大事，管理者要抓准抓好，一抓到底，绝不能半途而废。一般说来，大事只占20%，您以100%的精力，处理好20%的事情，当然会轻松自如了！

许多管理者喜欢命令成员去干事，以显示其管理地位。"你今天要给我把这份文件写好，并且打印3份。"这种命令的口吻多少让成员有些不快。正确的方式是多发问，少命令。发问可以使成员觉得他也是组织的一部分，他在为组织的工作而努力，这比为某一个人卖命好一些。那么前面的命令可以转换为以下的发问："我们急等这份材料用,你看今天能写完并打印 3 份吗? ”

4. 要相信成员,还成员以工作自由

作为管理者,你必须让成员安排自己的计划,不用任何事情都由你过问,要允许成员犯错,鼓励成员敢于冒险。让成员拥有自己的头脑,其前提是你必须充分相信和认可他们。你给予他们的自由度越大,他们做出的事情就越成功。

当你真诚地信任他们时,如果他们对你安排的某一项工作确实无法胜任,他们会主动说出来,并要求另换一个更合适的工作,这实际上是对你的一种负责,这比勉强答应但最后将事情弄得一团糟的成员更加诚实、更有责任感。你可以选择一段时间离开成员,只给他们提供一个工作框架,而不是什么都为他们想到。

作为上司,你只需为成员指引方向,而且这一方向不应在 3 个星期或 3 个月内改变,即使出现问题,成员也应该可以像你一样妥善处理。当然,如果是十分重大的问题,他们不可能自行其是,必须将你唤回。

当你不在时,成员们也许会有些不大习惯,或许有些想念你;当你回到他们身边时,他们会向你展示自己的业绩。因此你的归来,又变成了他们表现自己和证明你的权威的机会。

5. 重视副手

对于自己不懂之事,不如干脆授权某些副手全权处理。这样做,比明知自己不懂又不好意思说出来,让副手们去揣摩要好得多。副手的地位决定了必须在谈论问题、提意见时照顾到正职的情绪、面子。如果正职不虚心求教,特别是不公开表明态度,他们怎么好直抒己见呢?副手也应该充分考虑到正职的苦衷,还要了解他们的性格。谁也不会讨厌别人的帮助,但帮忙要得体才会收到好效果。

除了正职管理者不在的情况下,副手总要征求正职管理者的意

见，这不仅是工作上的规矩，也是对人的尊重。有时误解就是因一些小小的疏忽而造成的。正职管理者要与副手在工作上合作好，要使他们团结在你的周围，必须了解他们的特点。应因人而异，委以能发挥其创造性的任务，并予以慷慨的支持。

6. 逐级授权

逐级授权技巧的良莠，将关系到下属的工作士气。要是你希望利用有效的授权方式来让员工们个个斗志高昂，就应遵循一套科学的程序。

先决定何种性质的工作可以分配给下属。最好是件比较长期的工作，而不是可以速战速决的。接下来就必须挑选合适的授权对象。当然，这主要是取决于该项工作的性质。

找好人选之后，先核查一下他目前的工作量，衡量一下是否会使其工作量过重。和当事人做面对面的沟通，详细地解释这件工作的内容、重要性，以及为何要授权给他，并征求其意见；对当事人进行必要的训练，直到双方都满意为止。

经过和当事人沟通并征得当事人同意之后，要确立一套监控进度的程序。在赋予当事人该项责任的时候，也同时给予适度的权限。

7. 选准授权事项

虽然有心授权，许多主管却无法准确地掌握授权的范围。大体而言，以下的这些工作可以考虑分配给部属去做：

可以提高部属办事能力的工作，比如收集某些统计数字、重新检查该部门的工作量、提出关于未来发展计划的建议等；必须是一件完整的工作，而且有明确的责任归属，如果只是要他们来"蹴一脚"，对增强他们的成就感将毫无好处；只需关起门来思考就可以自行决定的单纯事务，而且有一套明确的判断标准可以参考，不致因个人主观因素而产生失误。

以下的这些工作则不应授权给手下去处理：只有部门主管本身才能过问的事务，像员工的薪资调整方案、部门年度的生产目标，以及若干涉及公司业务机密或是较为敏感性的事件；不是一件完整的工作，不易分清责任归属；单调而琐碎的例行性事务；需要召开会议才能决定的事务。

8. 人尽其才

管理工作中的最大挑战之一是挑选适合当车的人去做车，适合当马的人去做马，适合当炮的人去做炮……并在适当时机发动进攻，让车横冲直撞，让炮隔山打虎……如果你想少做一点儿得不偿失的事情，那么，在上任之后，首先要花一些力气摸清情况，了解每个下级工作人员的特点，调动他们的积极性，根据每个人的实际能力，安排适合他们的工作，做到人尽其才。

做好了这一步工作之后，你再去让他们调动再下一级工作人员的潜力，安排适合每个工作人员专长的工作。这样，以此类推，一级一级，每个工作人员都将获得他们相对满意的工作，谁都不会再因此发牢骚、闹情绪，整个部门上下都在努力地工作。

当然，只有当你对下属有了明确的认识之后，才能妥善地分配工作。一件需要迅速处理的工作，可以交给动作快速的下属去做，然后再由那些做事谨慎的下属加以审核；若有充裕的工作时间，就可以让谨慎型的下属去做，以求尽善尽美。万一你的下属都属于快速型的，那么尽可能选出办事较谨慎者，将他们训练成谨慎型的下属。

对待下属不要求全责备，而要用其所长。每个人都有其长处，要为员工发挥这些特长创造条件。有的管理者不仅在薪金、工作满足感、前途推举等方面对下属进行照顾，还给下属一个得体的头衔。比如一名处理来往信件、传送文件的差役，美其名曰"写字楼助理"，这个头衔会让他产生荣耀的感觉，工作会更卖力，也会更认真负责。

管理者要想发现下属的特长，还必须给予他一定的自由度，如果总是吩咐得十分具体，下属只能成为上司的傀儡，无法显示出自己处理事务的办法与能力。

授权过程中监控要到位

真正的授权是指"放手但不放弃，支持但不放纵，指导但不干预"。监督监控其实是对授权的度的平衡与把握，在给予足够权力的基础上，强调责任，将监督、监控做到位，授权的效果才会实现最大化。

海生公司隶属于一家民营集团公司。由于集团公司业务经营规模的扩大，从 2002 年开始，集团公司老板决定把海生公司交给新聘请过来的总经理和他的经营管理层全权负责。授权过后，公司老板很少过问海生企业的日常经营事务。但是，集团公司老板既没有对经营管理层的经营目标做任何明确要求，也没有要求企业的经营管理层定期向集团公司汇报经营情况，只是非正式承诺，假如企业盈利了将给企业的经营管理层一些奖励，但是具体的奖励金额和奖励办法并没有确定下来。

这是一种典型的"撒手授权"，这种授权很有可能会引发企业运营混乱。海生企业由于没有制定完善的规章制度，企业总经理全权负责采购、生产、销售、财务。经过两年的经营，到 2004 年年底，集团公司老板发现，由于没有具体的监督监控制度，海生企业的生产管理一片混乱，账务不清，在生产中经常出现次品率过高、用错料、员工生产纪律松散等现象，甚至在采购中出现一些业务员私拿回扣、加工费不入账、收取外企业委托费等问题。

同时，因为财务混乱，老板和企业经营管理层之间对企业是否盈利也纠缠不清，老板认为这两年公司投入了几千万元，但是没有得到回报，所以属于企业经营管理不善，不能给予奖励。而企业经营管理层则认为老板失信于自己，因为这两年企业已经减亏增盈了。他们认为老板应该履行当初的承诺，兑现奖励。双方一度为奖金问题暗中较劲。

面对企业管理中存在的诸多问题，老板决定将企业的经营管理权全部收回，重新由自己来负责企业的经营管理。这样一来，企业原有的经营管理层认为自己的付出付之东流，没有回报，工作激情受挫，工作情绪陷入低谷。另外，他们觉得老板收回经营权，是对自己的不信任和不尊重，内心顿生负面情绪。有的人甚至利用自己培养的亲信，在员工中有意散布一些对企业不利的消息，使得企业有如一盘散沙，经营陷入困境。从上面的例子里，我们必须知道，真正的授权就是让员工放手工作，但是放手绝不等于放弃控制和监督。不论是领导者还是员工，绝不能把控制看作是消极行为，而是应该正确认清它的积极意义。控制员工和向员工授权，两者密切相连、相辅相成。没有授权，就不能充分发挥员工的主动性；没有对员工的控制，则不能保证员工的主动性一直向着有利于整体目标的正确方向发展。

充分信任是授权的基础

亚太公司的员工们感到他们的管理者和公司在发生着某种变化，在变化之初，他们曾经带着迷惑，甚至有些不太习惯。

亚太公司属于那种一切都很平常的公司，员工们领着一份不算丰厚，但也说得过去的薪水；做着不很轻松，但也没什么压力的工作，一切都平平淡淡，员工们也似乎并没有什么期望，也没有期望大的改变或什么更有意义的事情。也许他们曾经有过这种念头，但现在这种念头已很微弱了。

一天，管理者召集员工们开会，他向大家宣布：公司将进行某种改变，我们检讨，公司以前并没有给予大家充分的信任与空间，而我们即将要采取措施来改变这种情况。公司相信每一位员工都有独立完成工作的愿望和能力，而不是接受一份十分具体的任务。我们要求主管们做的，正是由后一种分派任务的方式转向前一种放手方式让大家独立探索的问题的解决方式。

员工们清清楚楚地听见了管理者的每一句话，尽管他们表面上还是那么无动于衷，但心潮澎湃却难以掩饰。然而，他们仍在犹豫：真的会这样吗？此后，管理者再向他们分派工作时，就不再说"只要照着我告诉你的话去做就可以了"，而是在告诉他们"事情是什么"之后就不再过问，只是约定每两周的周五下午，员工团队的小头目应该来谈一下事情的进展情况。

一开始，员工们并不敢按自己的意愿去做，因为以前不是这样的，他们甚至感到有些手足无措。最初的几次，员工们会犹豫不决地敲开主管办公室的门，就一件工作的细节问题向主管请示，主管总是微笑着说"我相信你自己能解决它，做出最好的选择"，或"让你的工作小组来讨论决定吧，相信大家能得出完美的结果"。

员工走出管理者办公室的门时，内心有一种激动，他感受到了被信任，而这种感觉无疑让人产生动力；他感受到了挑战，这让他有一种冲动，他要把这件工作做到最好，来回报管理者的这份信任。这时，员工们才发现，长期以来在公司里，他们总是感觉少了些什么，以前，他们总不知道到底少了什么，而现在，他们找到了，那就是信任。而在此之前，他们隐隐约约一直在渴望的，也正是这样一种感觉。对于高明的管理者来说，要真正从内心相信员工们能做好这件事，就要把整件事情托付给对方，同时交付足够的权力让他做必要的决定。

授权后又对下属进行控制往往会使事情失败，因为这会揭露你的"信任"只是表面的，这会伤害下属的尊严，妨害你们的感情。例如，如果你要下属去印一本小册子，你就不必再交代一些有关形式、封面以及附图说明等的详细意见，而让他自己去选择，相信他会把工作做得很好，而他也会感激你的信任。

经营之神松下幸之助说过："最成功的统御管理是让人乐于拼命而无怨无悔。"这显然不是靠强制，而只能靠信任。柯维对于"充分信任型的授权"做过精彩的描述：充分信任型的授权，才是有效的管理之道。这种方式注重的是结果，而不是过程。被授权者可自行决定如何完成任务，并对结果负责。

授权是愿不愿而非能不能

中国历史上对于"领导"行为的界定可谓丰富至极。《三国志》记载"蜀国正事无巨细，亮皆独专之"。诸葛亮尽管运筹帷幄，决胜千里，却仍"事必躬亲，鞠躬尽瘁"，虽一生劳顿却功名难成。授权可以提高管理效率，但为什么管理者不愿意进行授权呢？常见的原因有以下几点：

首先，也许可以把权力看作传统小生产体制时代的产物，代代相传，今天我们的主管才能把"领导的职责"定位于此。

其次，管理者相信，对于这件工作，自己是唯一的胜任者，即使让下属完成也是一百个不放心。然而，真实的情况往往是管理者并没有真正把他手头的工作重新考虑，按难易程度列队，以确认有些工作是只有他自己才能做到的，而其他大部分工作却并非如此。如果说下属的确给你"不能胜任这项工作"的印象，很可能仅仅是因为你没有给下属机会让他们去做。还有，管理者不相信下属会完全领悟自己想表达的东西，把工作交给他们，结果自己不会满意，到头来还要自己亲自去做。

最后，管理者有时懒得费口舌向下属解释工作如何做，所以他们不知道该怎么做。如果你把工作标准化，你的解释并不麻烦，而且如果你不让下属做这一次，下一次他们又怎么可能做到使你满意呢？

管理者常抱怨下属中没有千里马，没有将才，却没有想过作为主管，对下属所负的责任该是什么。拒绝授权的管理者还会给出许许多多各式各样的理由来证明他们的"不授权"是正确的，是唯一可能的选项。而同时，结果也往往是这样：他总是匆匆忙忙，总是埋身于事务性的工作，总是抱怨而又总是出漏洞，他的下属总是缺乏动力，缺乏责任心，总是懒洋洋的，企业总不能以他的期望运转，效率总是可望而不可即……

但是种种原因实际上都是借口，这些理由都是难以成立的，我们再来看这样一些分析：

第一，担心下属做错事的管理者，内心真正担心的不是下属做错事本身，而是怕被下属做错事连累。这一类管理者一方面对下属欠缺信心，另一方面又不愿意为下属受过，所以有如唱独角戏那样凡事皆亲自操办。固然下属难免做错事，但若管理者能给予适当的训练与培养，做错事的可能性必然减少。授权既然是一种在职训练，管理者就不能因怕下属做错事而不予训练，反而更应提供充分的训练机会以避免下属做错事。

第二，不可否认，有些管理者因担心下属锋芒太露，或"声威震主"而不愿授权。但是从另一角度看，下属良好的工作表现可以反映管理者的知人善任与领导有方，所以管理者功不可没。

第三，只有领导力薄弱的管理者在授权之后才会丧失控制。在授权的时候，倘若管理者划定明确的授权范围，注意权责的相称，并建立追踪制度，就不必担心丧失控制。

第四，基于惯性或惰性，许多管理者往往不愿将得心应手的工作授权下属去履行。另外，有许多管理者基于"自己做比费唇舌去指导下属做更省事"的理由而拒绝授权。这两类管理者的共同缺陷即是将他们有限的时间与精力浪费在他们本来可以不必理会的工作上，而使需要经由他们处理的事务无法获得应有的重视。任何一位管理者管辖的工作，大体上均可区分为 5 种层次：

（1）管理者必须亲自履行的工作；

（2）管理者必须亲自履行，但可借助下属帮忙的工作；

（3）管理者可以履行，但下属若有机会亦可代行的工作；

（4）必须由下属履行，但在紧急关头可获得管理者协助的工作；

（5）必须由下属做的工作。

在正常情况下，管理者对第三层次以下的工作应授权下属去履行。

第五，"找不到适当的下属授权"常被一些管理者当作不愿授权的借口。任何下属都具有某种程度的可塑性，因此均可授权予以塑造。就算真的找不到一位可以授权的下属，仍是管理者的过失，因为倘若员工的招聘、培训与考核工作做得不差，又岂会有"蜀中无大将"之理？

由以上分析可知，授权根本不是"能不能"的问题，而是"愿不愿"的问题。

你必须放开他们

聪明的老板一定要学会充分授权——既然将权力下放给了员工，就要对员工充分信任，让员工在其职权范围之内，拥有足够的自主权，这样才能充分发挥其主观能动性。

但是，并不是每一个企业管理者都能够像韦尔奇那样具有管理智慧。现实生活中很多公司常发生下列状况：当搬到一间新的大楼时，公司为了安全起见，要求每个人佩戴公司的标志，然后在下达的任务通知书中详细而又冗长地讲述了一大堆规定。

这些公司似乎相信只要立下各种规范和条例，就可使最笨的人也不会犯错，同时使所有人都有所遵循，但是在员工看来，公司似乎把他们当成低能儿或准囚犯，任何员工在这些规定面前都会生出厌烦情绪，从而把这些规定抛弃在脑后。

但是，比尔·盖茨从来不这样做，盖茨非常愿意给予员工充分的空间，发挥他们的最大作用和潜能。他管理的一个独到之处是充分授权。比尔·盖茨说："我采取的领导方式就是：放任，不用任何规章去束缚员工，让他们在无拘无束的信任氛围中，发挥每个人的创意和潜能。"他喜欢把复杂的事情简单化，因为他相信自己的员工都很聪明，他很信任员工，让员工自行做决策，如果有员工不守法，他会单独针对这个员工处理，而不是把所有员工都一视同仁。

盖茨的做法与微软特殊的历史、文化有关。早期的微软主要由软件开发人员组成，强调独立性和思想性，因此，微软的特点是"赋予每个人最大的发展机会"。微软在人才引进时标准很高，因此微软员工素质都非常高，员工在自主状态下彼此激发，使得整个团体的表现都极其出色。微软的员工有权对他们进行的工作做任何决定，因此他们的决策和行动非常迅速，工作非常有效率。信任员工，让员工放手去做，这也是微软始终保持成功的原因之一。

由此可见，信任你的员工，企业的业绩才会蒸蒸日上！这也是一种管理智慧，即敢于信任你的部属，真正做到"疑人不用，用人不疑"。如果你想你的下属能拼尽全力地去完成你交代的任务，那么就请把你的猜疑之心收起来。

把任务分配给合适的人

杰克·韦尔奇是 20 世纪最伟大的 CEO 之一，他曾是美国通用电气公司的总裁，被称为"经理人中的骄傲""经理人中的榜样"。在一次全球 500 强经理人大会上，杰克·韦尔奇与同行进行了一次精彩的对话。一个人问他："杰克·韦尔奇先生，请你用一句话说出通用公司成功的最重要原因！"

杰克·韦尔奇想了想后回答说："是用人的成功。"

又有人问他："你能否用一句话来概括自己的领导艺术呢？"

杰克·韦尔奇笑了笑，说："让合适的人做合适的工作。"在这个世界上，每个人的能力和每个地方的需要都是不同的。不同的工作需要不同能力的人，而不同的工作环境也可以培养不同能力的人。作为一个管理者，把任务授权给最合适的人是最重要的。用最简洁的话来讲这个观点，就是指管理者向员工分配一项特定的任务或项目，这个项目要从员工的兴趣、特长出发，最终保证被指派者能够顺利完成该任务。

不把任务授权给合适的人，不仅不能高质量完成任务，甚至会使执行这个任务的员工产生挫败感。

有一个证券公司的经理曾经非常困惑，很多工作十分努力的员工，在接受他委派的任务后却不能圆满完成，这使他百思不得其解。

最终，一个离职员工的话使他茅塞顿开。原来这个员工对他说："经理，我很喜欢咱们公司的工作环境和工作氛围，但是我发现这里的工作并不适合我。开始您让我去跑销售，别人很轻松就完成的任务，我很多天都无从下手。那个时候我非常不开心，觉得自己很笨，甚至非常灰心。后来一次偶然的机会，我进行了职业测评。测评的结果让我很惊讶，原来我不是比别人笨，也不是我不愿意干好，而是我在做一个不适合自己的工作。

"我以前一直在证券、期货、市场里面辗转，但是越干越不顺心。经过职业测评我发现，我是一个内向的人，与人沟通的能力和意愿较弱，回避失败的倾向非常高，而冒险和争取成功的倾向非常低，但是同时我处理细节的能力非常强。因此专家建议我应该去做财务、库管之类，需要细心、操作性强的工作。所以我决定重新调整自己的人生。"

听完这个员工的话以后，经理顿时觉得如同醍醐灌顶。他意识到："与这个员工选择职业一样，分配工作也是同样的道理。在分配给员工任务之前，我有必要对每个员工都有一个全面的了解。我需要了解员工属于哪一种特质？适合哪一类型的工作？人有千千万万种性格，其中也含有一定的共性。按照这种共性分类分析，就能把工作分配给最适合的人了。"

这个经理的顿悟值得所有经理人学习，把任务分配到员工头上的时候，一定要考虑员工个人的意愿、兴趣和特长。只有把合适的任务分配给合适的人，才可能有最为完美的结果。

适时调整集权与分权的结合点

企业经营管理权限的分配方式分为集权和分权两种。集权是指把企业的经营管理权限较多地集中在企业上层的一种形式。集权的特点是经营决策权大多数据在企业高层领导手里，他们对下级的控制较多。而所谓的分权是指把企业的经营管理权适当地分散在企业中下层。它的特点是上级的控制较少，使中下层有较多的决策权。

有一家主要从事食品加工的乡镇企业，老板张总事必躬亲，对员工信任度不高。每当营销员将要出征时，他就会再三叮嘱："你们遇事一定多汇报，否则，出了问题，后果自负！"因而，在外省打拼的营销员们一个个小心翼翼，生怕办错事，结果算到自己头上。

因此，张总经常接到这样的长途电话："张总，一天30元的旅店没找到呀！租一间一天35元的屋子可以吗？""张总，这边的客户表示需要我们意思意思，那我们是不是可以买几条三五送去呀！"无论事情大小，他们一律请示回报，只要未经老板认可，他们绝对不会主动做主。

最终，一些有能力的营销员感到手脚被牢牢束缚着，有劲儿使不出，只好选择离开，另谋高就。留下来的那些营销员只会请示，工作起来没有丝毫主动性，领导不安排的事情一概不做，一年到头业绩平平。而张总手机整日响个不停，忙得脚打后脑勺，上百万元广告费像打水漂一样毫无效果，好端端的一个企业处于濒危边缘。

还有一家颇具影响的民营企业，它所生产的高压锅因质量好而广获好评。这家企业的老板喜欢分权式管理，他让每个营销员承包一个省级市场，公司与其签订承包协议，产品以出厂价下浮25%提供给营销员，营销员必须要保证在一年内完成一定量的销售任务。至于营销员如何销售，公司一概不管。老板的这一招的确是极大地调动了营销员的积极性。大家各出奇招，短短几年，企业就在创造了上千万的销售业绩的同时，也造就了许多百万富翁。

但是好景不长，市场竞争越来越激烈，富裕起来的营销员已经没有了当初的斗志，公司业绩陷入低谷。公司老板有心自己接管渠道，但是发现难度很大，因为渠道已经被营销员牢牢地把控在手中了。更让老板没有想到的是，有的营销员竟然"监守自盗"，在销售公司正品的同时，自己私设黑工厂，制造假冒伪劣产品，将其投入市场鱼目混珠，大发横财。就这样，一家前景广阔的企业断送在这些营销员手中。

第一个案例是集权的代表，第二个是分权的代表。通过这两个例子，我们可以发现在企业管理中，"一统就死，一放就乱"是非常容易发生的现象。集权更便于管理，但高度的集权会导致权力欲望的高度膨胀，最终导致盲目崇拜！分权可以有效地分散权力，使权利不会过于集中，而且更有利于民主化，但是不便于管理，会有很多漏洞！

权力是一把双刃剑，不管是采取集权还是分权，企业都应该有相应的管理工具和方法与它相配套，尤其是在分权的过程中，制度约束和文化平衡是一种重要的保障。不恰当的集权与不恰当的分权，都会对企业造成严重的伤害。只有控制住大的风险，才能达到集权和分权的相对平衡。总的来说，领导者应该谨慎从事，采用逐步缓慢放权的"渐进"方法，在放权的过程里，根据反馈信息及时调整偏差，合理地逐步放权，而不要希望立竿见影。

在企业操作中，企业要考虑的影响因素实际上是很复杂的。方法、理论、原则只是一种参考和指导，集权与分权是一种科学，更是一种艺术，正所谓"运用之妙，存乎一心"，只有适时调整集权和分权的结合点，才能做到"统而不死，放而不乱"。也只有这样，才能服务于业务的发展，才能创造价值。

要做到授权而不放任

授权不是弃权，管理者授权而不放任，要做到从整体目标和全局利益出发，对下属的工作行为和方向进行科学的指导，并通过不断地指导，实现有效的控制。为此，管理者必须明确授权的内容与范围，建立和健全审查评价制度，畅通信息渠道，以保证下属的工作不会因授权而偏离正确方向和组织的整体目标。

首先，应把握集权与授权的度，尽量做到大权独揽小权分散。诸葛亮被世人誉为智慧和聪明的化身，但他的致命弱点便是"政事无巨细，咸决于亮"。他为了报答刘备的知遇之恩，完成先帝的托孤重任，"寝不安席，食不甘味""夙夜忧叹"，积劳成疾，只活了54 岁就谢世了。连他的对手司马懿也曾预料到："食少事烦，岂能长久？"

后人在推崇他"鞠躬尽瘁，死而后已"的忘我精神和运筹帷幄的超人智慧之余，又对他事必躬亲的作风不胜惋惜。作为管理者，必须明确自己的岗位责任和工作范围，以及部属的权力和职责，该给部属的权力，管理者就不要占有；该是自己行使的职权，也不能疏忽。主要权力集中在管理者手中，部分权力分散给部属，正所谓"大权独揽，小权分散"，各司其职，各负其责，上下形成两个积极性，工作才会形成一个合力。

在每次授权前，管理者都应评估它的风险。如果可能产生的弊害大大超过可能带来的收益，那就不予授权。如果可能产生的问题是由于管理者本身原因所致，则应主动校正自己的行为。当然，管理者不应一味追求平稳保险而像小脚女人那样走路，一般来说，任何一项授权的潜在收益都和潜在风险并存，且成正比例，风险越大，收益也越大。

授权之后要进行合理的检查。检查可以起到指导、鼓励和控制的作用。需要检查的程度决定于两方面：一方面是授权任务的复杂程度，另一方面是被授权下属的能力。管理者可以通过评价下属的成绩、要求下属撰写进度报告、在关键时刻同下属进行研究讨论等方式来进行控制。

如果下级出现越权行为，应予以妥善处理，区别对待。有的下级越权，是做了应由上级管理者决定的事，这和他有较强的事业心、责任心有关。这种越权精神倒显得可贵。对这种出于正当动机而越权的下属，应该先表扬后批评，只有这样下属才会为管理者的公正、体贴、实事求是所感动，才会领悟到什么应该做，什么应该克服。

　　有时下属越权对问题的决定和处理，可能是正确的，甚至干得很好，即使这样，管理者也一定要在肯定成绩的基础上，指出下不为例。有些下属越权对问题的处理是错误的，这时管理者要根据情况及时补救、纠正，做到"亡羊补牢"，力争把损失降低到最小限度，并就事论事，因势利导，教育下属吸取教训，警戒其越权行为。

　　最后，管理者还必须明白授权并不是把不重要的事放弃不管，而是一种管理方式和工作方式的转变。授权之后的管理者仍然享有职权，或者说仍对授出的职权负有责任。这种权力体现在他要通过接受、听取工作报告的方式来取代事必躬亲的工作方式，这是授权带给管理教员们的实质性变化。

　　对于管理者来说，授权的意义是非凡的。它意味着管理者自身正面临着一种转变：他的职责不再是"把事情做好"，而是"让人把事情做好，自己实施有效的控制"，使他实施权力控制的要求在被授权者的管理行为中得以体现。